Warum ein Schafkopf-Lehrbuch

Lieber Leser,
zu meinem Lehrbuch für Schafkopf-Anfänger möchte ich Sie sehr herzlich begrüßen!

Über Generationen hinweg ist dieses Kartenspiel, das „als Kulturgut und Teil der bayerischen Lebensart“[1] gilt, mündlich von einer Generation zur nächsten übertragen worden. Diese mündliche Überlieferung, die vor allen Dingen in den Wirtshäusern Bayerns stattgefunden hat, scheint offensichtlich im digitalen Zeitalter abgeschnitten worden zu sein.

Denn von vielen, gerade jungen Leuten höre ich immer wieder das gleiche Lied: Ich würde ja gerne Schafkopfen lernen, es gibt aber niemanden, der es mir beibringt. Vor diesem Hintergrund habe ich mich entschlossen, etwas gegen diesen Trend zu unternehmen. Angefangen habe ich damit, Seminare abzuhalten, aus denen sich mein erstes Buch „Lerne Schafkopfen – Eine Spielanleitung für Anfänger“ entwickelt hat. Es gibt aber eine Sache, die diesem Buch gefehlt hat …

Als ich als kleiner Bub im Wirthaus meiner Eltern unseren Gästen zuschauen durfte, war eines der ersten Dinge, die mir klar wurden: Die älteren spielten mit acht Karten, während die jüngeren Spieler mit weniger Karten spielten. Mir wurde erklärt, dass die eine Runde einen „Langen“ und die andere einen „Kurzen“ spielt. Was ich damals natürlich nicht begriffen habe, ist, dass ich Schafkopfen inmitten einer Übergangsphase in meinem Heimatdorf gelernt habe. Zum Glück! Und viele, viele Schafkopfrunden und Jahre später habe ich festgestellt dass ich ja direkt an einer imaginären Schafkopf-Grenze wohne! Und als ich Schafkopfer aus Deggendorf (Nie-

derbayern) bei einem Turnier in Regensburg erlebt habe, wurde mir bewusst, dass es da auch einen tiefen Graben in den Köpfen der Schafkopfer gibt. Um ein gesamtbayerisches Schafkopf-Buch herauszubringen, muss diese Sache also unbedingt genauer beleuchtet werden!
Im gesamten Text spreche ich von „dem Spieler“ in männlicher Form. Dies ist in der deutschen Rechtschreibung nun mal so. Selbstverständlich ist auch „die Spielerin“ sehr herzlich eingeladen, das Schafkopf-Spiel zu erlernen. Die Feministinnen unter Ihnen bitte ich daher um Verständnis, wenn ich aus Gründen der Vereinfachung „der Spieler/die Spielerin“ mit der männlichen Form abkürze.
Des Weiteren verwende ich als Geschlecht für die Karte „Ass“ statt der hochdeutschen sächlichen Form („das Ass“) die weibliche Form („die Ass“), wie es in der überwiegend bayerischen Sprache der Schafkopf-Spieler üblich ist.
Für Ihr Interesse bedanke ich mich sehr herzlich und wünsche Ihnen viel Spaß beim Lernen!

Ihr
Erich Rohrmayer

Der Autor

Über mich

Aufgewachsen in einem (damals) niederbayerischen Wirtshaus, bin ich bereits als kleiner Bub sehr intensiv mit dem Schafkopf-Spiel in Berührung gekommen. Wie

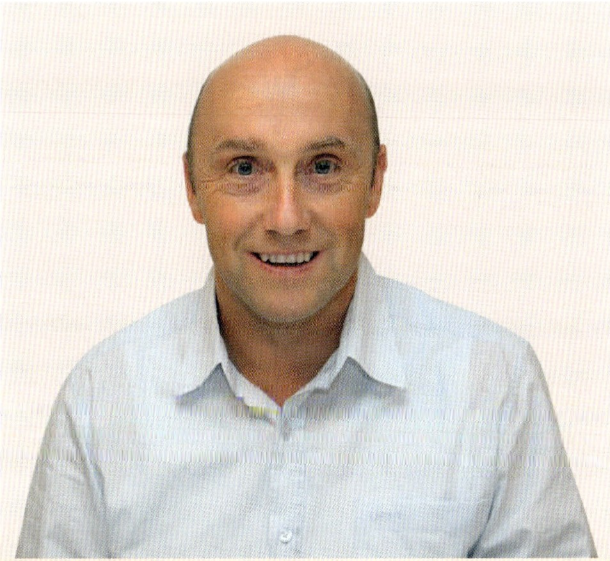

lange ich nur zugeschaut habe und wann ich angefangen habe, selbst zu spielen, kann ich heute nicht mehr genau sagen. Geschätzt bin ich aber sicher etwa 40 Jahre mehr oder weniger oft als Schafkopfer aktiv.

Mein größter Erfolg als Spieler ist bisher ein Turniersieg bei der offenen Meisterschaft des Marktes Schierling im Jahre 1998, bei dem ich alle anderen ca. 50 bis 60 Teilnehmer hinter mich gelassen habe.

Neben der jahrelangen Erfahrung im Schafkopfen zähle ich auch eine Ausbildung in Moderation und Präsentation zu meinen Qualifikationen, so dass ich mich geeignet fühle, Ihnen das Schafkopfen in professioneller Weise beizubringen.

Aktuelle Informationen über meine Aktivitäten im Bereich der bayerischen Wirtshaus-Kartenspiele finden Sie auf meiner Homepage www.rohrmayer.de.

Inhaltsverzeichnis

1. Einführung

Allgemeines und Geschichte des Schafkopfens

Bevor Sie mit dem eigentlichen Schafkopf-Spiel beginnen, hier ein paar wissenswerte Informationen für Sie darüber, wo das Schafkopfen herkommt, warum dieses Buch so heißt wie es heißt und was es mit dem Schafkopf-Äquator auf sich hat.

1.1 Historie

Die Entstehung und der Name des Spiels

Schafkopfen ist eines der ältesten Kartenspiele, die es gibt. Erfunden wurde es bereits um das Jahr 1500. Der ursprüngliche Name des Spiels, „Schaffkopf", beschreibt den Ort, an dem es gespielt wurde: auf Deckeln („Köpfen") von Fässern („Schaffen"). Das doppelte „ff" ist im Verlauf der Jahrhunderte zu einem einfachen „f" mutiert. Eine genaue Jahresangabe ist hier leider nicht möglich.

Zum ersten Mal schriftlich fixiert wurden die Regeln in der Oberpfalz im Jahr 1895, als ein Amberger Verlag das „Schafkopf-Büchlein" veröffentlichte.

Üblicherweise wird Schafkopf von vier Personen gespielt. Möglich ist auch, zu dritt zu spielen, einen sogenannten „Dreier". Bei dieser Konstellation ist aber kein Partnerspiel (Rufspiel/„Sauspiel", 2 Spieler gegen 2 andere) möglich, was im Wesentlichen auch den Reiz des Schafkopfens ausmacht.

1.2 Lange Karte – Kurze Karte

Begriffe und Unterschiede

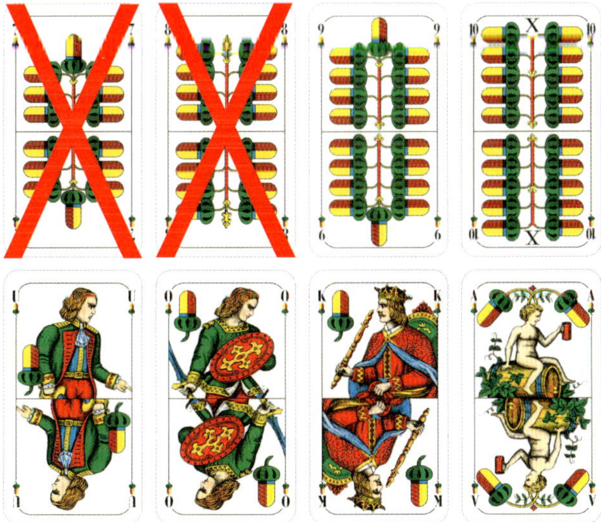

Zwei Begriffe, deren Bedeutung Sie unbedingt kennen müssen, bevor Sie mit dem Spiel beginnen, sind die „lange Karte“ und die „kurze Karte“. Die Unterscheidung bezieht sich vordergründig einzig und allein auf die Anzahl der Karten, die ausgegeben werden bzw. mit denen gespielt wird.

Die lange Karte besteht aus allen 32 Karten eines bayerischen Kartenspiels, was bedeutet, dass jeder der vier Spieler acht Karten erhält. Diese traditionelle Art des Schafkopfs hat sich mit nur wenigen Ausnahmen in Oberbayern, Niederbayern und Schwaben erhalten.

Im Gegensatz dazu hat sich in Franken und der Oberpfalz fast durchgehend das Spiel mit der kurzen Karte durchgesetzt: Dabei werden alle Sieben und Acht eines Kartenspiels entfernt (siehe Abbildung links), so dass die Gesamtzahl der Karten nur 24 beträgt und somit jeder Spieler nur sechs Karten erhält.

Was sich vordergründig als einfache und simple Unterscheidung darstellt, wirkt sich jedoch beim Spielen selbst sehr stark auf die Art der Spiele, die gespielt werden, und auf die Spielgeschwindigkeit (mehr Spiele innerhalb derselben Zeit) aus.

Der Hauptteil dieses Buches bezieht sich auf die „lange Karte“. Gegen Ende folgt dann ein Kapitel, in dem ich auf die Eigenheiten des Spiels mit der „kurze Karte“ eingehe.

1.3 Der „Schafkopf-Äquator“

Wie Bayern beim Schafkopfen aufgeteilt ist

Wie am Anfang dieses Buch in meiner Kurzbiographie erwähnt, bin ich sozusagen in der Gaststube des elterlichen Wirtshauses zwischen Regensburg und Landshut aufgewachsen. Als ich als kleiner Bub unseren Gästen zuschauen durfte, war eines der ersten Dinge, die mir klar wurden: Die (mit Verlaub) „Alten“, also die Schafkopfer aus der Generation meines Großvaters, spielten mit acht Karten, während die jüngeren Spieler wie auch mein Vater mit weniger Karten spielten. Was ich damals natürlich nicht begriffen habe, ist, dass ich Schafkopfen inmitten einer Übergangsphase in meinem Heimatdorf (Buchhausen bei Schierling) gelernt habe. Und viele, viele Schafkopfrunden und Jahre später habe ich festgestellt, dass ich ja direkt an einer imaginären Schafkopf-Grenze wohne! Ich nenne diese Grenze mal den „bayerischen Schafkopf-Äquator“.

Was das Schafkopfen anbetrifft, ist Bayern nämlich zweigeteilt. Meine bisherigen Recherchen haben Folgendes ergeben:

- Spiel mit der langen Karte: Niederbayern (ohne Landkreis Kelheim), Oberbayern, Schwaben, Landkreis Cham
- Spiel mit der kurzen Karte: Ober-, Mittel- und Unterfranken, Oberpfalz (ohne Landkreis Cham), Landkreis Kelheim

Meine bisherige Schafkopf-Landkarte sehen Sie rechts:

Sachdienliche Hinweise zur Verbesserung, insbesondere, was die Grenze zwischen Schwaben und Mittelfranken betrifft, nehme ich gerne entgegen.

mit der kurzen Karte

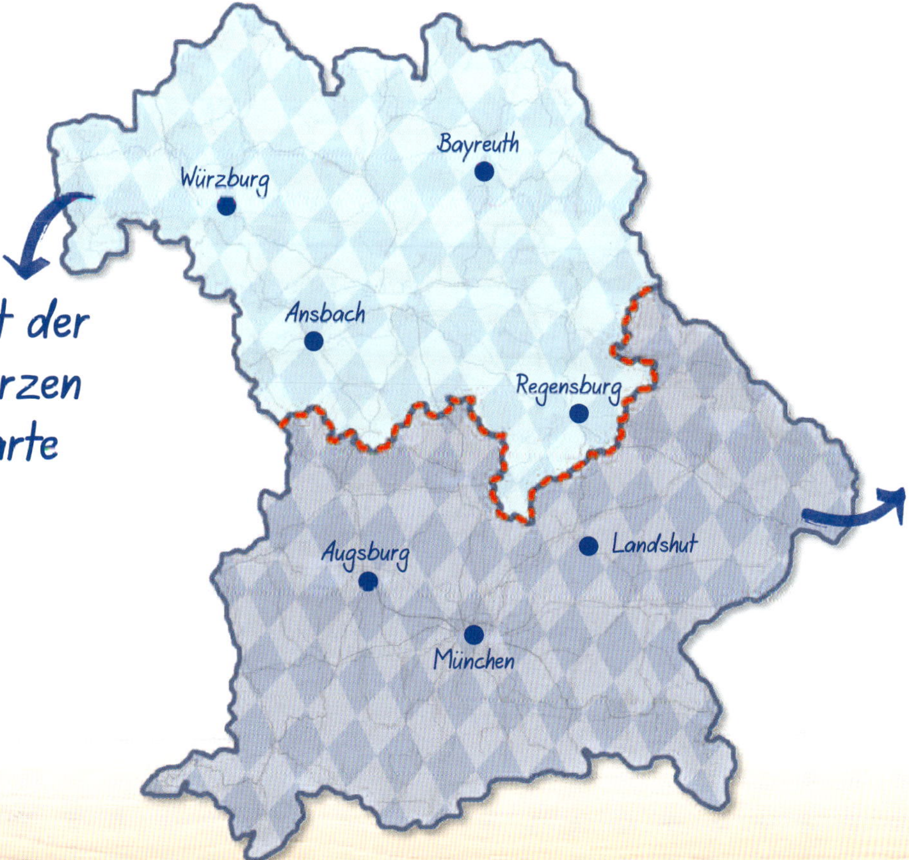

mit der langen Karte

1.4 Ziel des Buches

Welche Elemente Sie erlernen können

In diesem Kapitel erfahren Sie, welche Elemente des Schafkopfens Sie mit diesem Buch erlernen können.

Dazu ist es am Anfang wichtig, erst einmal die Grundbegriffe und -regeln des Spiels kennenzulernen. Anschließend erkläre ich Ihnen die drei wichtigsten Spielarten des Schafkopfens: das Rufspiel, das Solo und den Wenz.

Um den Umfang des Buches (und den Arbeitsaufwand für den Autor) nicht zu sprengen, beschränke ich mich auf die Beschreibung dieser drei Spielarten, die den Kern des Schafkopf-Spiels ausmachen. Und ich kann es guten Gewissens tun. Denn dies sind die Spiele, die sicher überall gespielt werden.

Alle weiteren Spielarten (z. B. Dame/Geier) sind regionale Varianten. Das heißt, sie werden nicht überall gespielt. Ich reiße sie in einem eigenen Kapitel kurz an. Keine Angst: Wenn Sie die wichtigsten Prinzipien und die Kernspielarten verstanden haben, können Sie sich die regionalen Varianten auch kurzfristig direkt am Schafkopf-Tisch erklären lassen. Es handelt sich in den allermeisten Fällen einfach um Abwandlungen.

Bei der Beschreibung der drei Spielarten Rufspiel, Wenz und Solo gehe ich nach der offiziellen Schafkopfordnung des Bayerischen Schafkopfvereins e.V. München vor.

1.5 Voraussetzungen

Was Sie vor Beginn wissen sollten

Um Schafkopfen mit diesem Buch erlernen zu können, sind nur sehr wenige Vorkenntnisse notwendig. Wichtig ist vor allen Dingen, dass Sie die 32 Karten eines bayerischen Kartenspiels, also die vier Farben Eichel, Gras, Herz und Schellen sowie die 8 Schläge (Sieben, Acht, Neun, Zehn, Unter, Ober, König und Ass) kennen.

Des Weiteren ist es hilfreich, z. B. von einem anderen Kartenspiel zu wissen, was ein „Stich" ist. Falls Sie diesen Begriff nicht kennen, müssen Sie sich trotzdem kei-

ne Sorgen machen. Er wird im Abschnitt „Ablauf des Spiels" näher erläutert.
Weitere Kenntnisse setze ich nicht voraus. Auch wenn Sie regelmäßig andere Kartenspiele wie z.B. Watten oder Wallachen spielen, wird es Ihnen nicht notwendigerweise leichter fallen, da das Schafkopfen doch grundlegend anders ist.

1.6 Besondere Karten

Wie Eichel-, Gras- und Herz-Ober noch heißen

Der Eichel-Ober, der Gras-Ober und der Herz-Ober haben besondere Namen, die Sie sicher bei jeder Schafkopf-Runde hören werden und deshalb kennen sollten:

Der Eichel-Ober heißt auch „der Alte".
Der Gras-Ober heißt auch „der Blaue".
Der Herz-Ober heißt auch „der Rote".

Der Alte ***Der Blaue*** ***Der Rote***

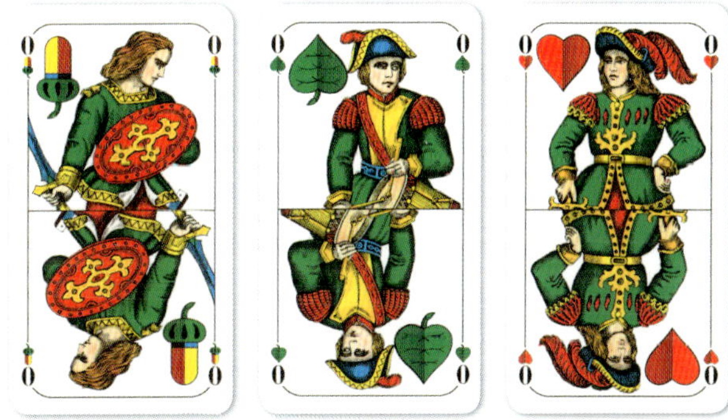

Welche Bedeutung diese und der Schellen-Ober, die auch die vier „Bauern" genannt werden, haben, werde ich im weiteren Verlauf noch ausführlicher beschreiben. An dieser Stelle reicht es, diese Begriffe kennengelernt zu haben.

2. Schafkopfen mit der langen Karte

2.1 Die Zählwerte (Punkte oder „Augen“)

Welche Karten wie viel wert sind

Eine Besonderheit beim Schafkopfen ist die Tatsache, dass die Wertigkeit einer Karte nicht mit der aufgedruckten Zahl oder dem aufgedruckten Buchstaben, also Ass > König > Ober > Unter > Zehn > Neun > Acht > Sieben übereinstimmt. Stattdessen ist die Wertigkeit der Karten in der Reihenfolge Ihrer Zählwerte festgelegt, die Sie sich gut einprägen sollten, bevor Sie mit dem Spielen beginnen. Die Zählwerte der Karten sind wie folgt (bereits nach Wertigkeit sortiert):

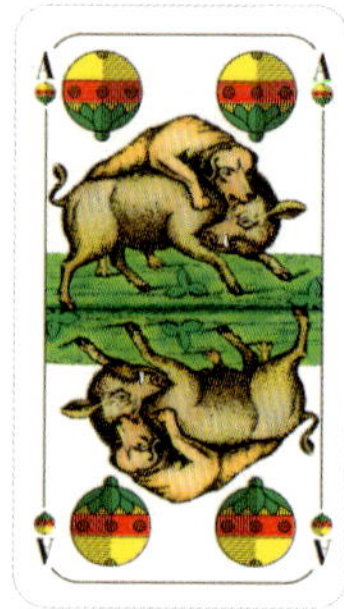
11 Punkte

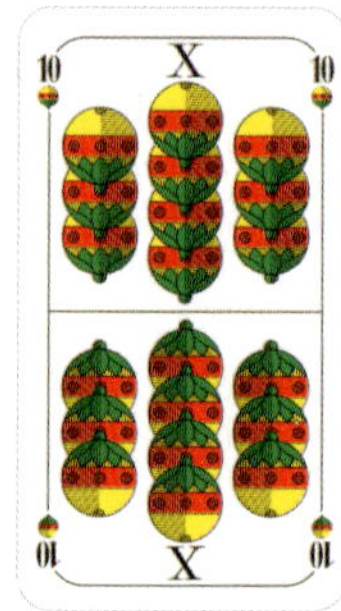
10 Punkte

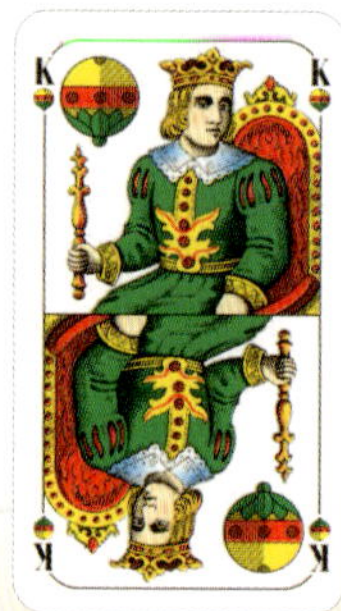
4 Punkte

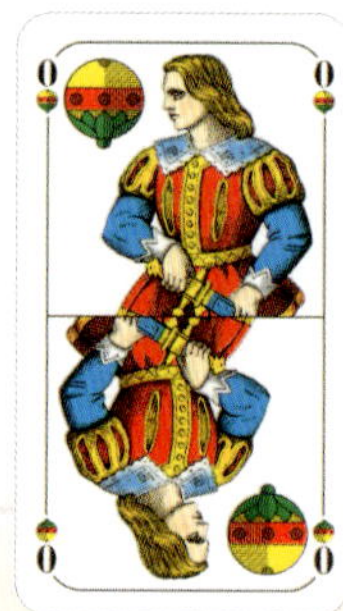
3 Punkte

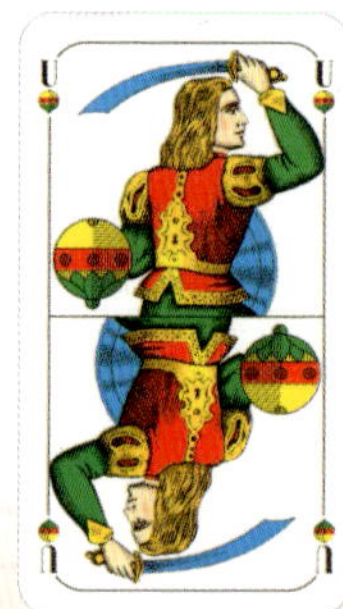
2 Punkte

> **Hinweis:** Wegen ihrer hohen Punktezahl kann mit Assen und Zehnern eine fette Ausbeute erzielt werden. Diese Karten werden daher auch „Schmiere“ genannt.

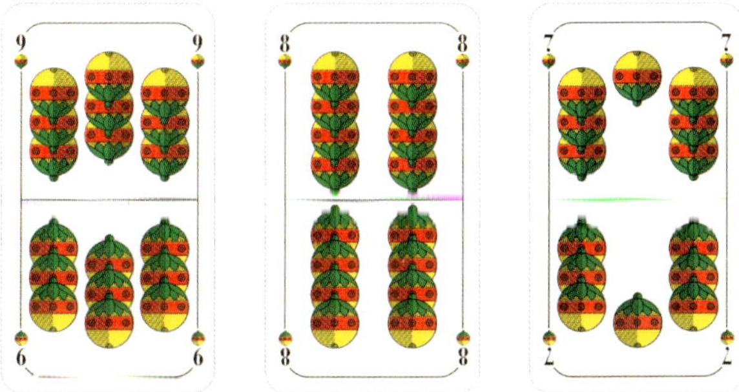

jeweils ohne Zählwert (= 0 Punkte)

Da es von jeder Karte jeweils vier Stück gibt (eine in jeder der vier Farben), summiert sich der Zählwert aller Karten zusammen auf 120 Punkte („Augen").
Wie bereits erwähnt, legen die Zählwerte nicht nur die Anzahl der Punkte fest, die ein Spieler mit ihr sammeln kann, sondern auch die Wertigkeit, d.h. wie hoch eine Karte ist, damit sie eine andere Karte stechen kann. Die Rangfolge der Karten ist also Ass > Zehn > König > Ober > Unter > Neun > Acht > Sieben.
Als einprägsame Kurzfassung empfehle ich Ihnen, sich den Slogan „Zehner sticht König" zu merken.

Die Besonderheit ist also, dass eine Zehn grundsätzlich höherwertig ist als ein König, ein Ober und ein Unter und diese somit stechen kann. Grundsätzlich betone ich deshalb, weil die Ober und Unter bei den verschiedenen Spielen eine herausragende Bedeutung als Trümpfe haben können, die sie über diesen Grundsatz hinwegsetzen.

2.2 Übung: Augen zählen

Wie viele Augen ein Stich enthält

Weil die Anzahl der Augen von so grundlegender Wichtigkeit ist, widme ich ihr noch ein eigenes Kapitel, um das Zählen einzuüben. Dazu habe ich in den folgenden Übungen einige typische Stiche zusammengestellt. Ihre Aufgabe ist es nun, die Punkte dieser Stiche zusammenzuzählen oder, mathematisch ausgedrückt, die Summe der Augen dieser Stiche zu bilden.

Übung 1: In der folgenden Abbildung sehen Sie einen Stich mit je 2 Ober und Unter.

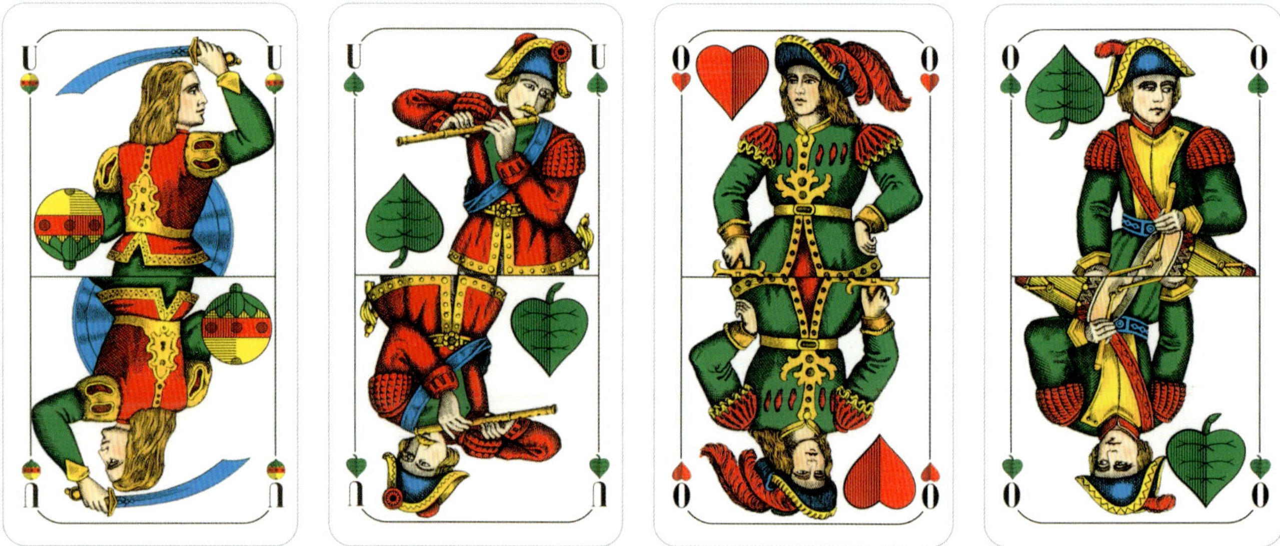

Aufgabe: Wie viele Augen hat dieser Stich?

Lösung: Da ein Ober 3 Punkte zählt und ein Unter 2 Punkte, ergibt sich als Summe 10 Punkte.
Oder mathematisch formuliert: $2 + 2 + 3 + 3 = 10$.

Übung 2: In der folgenden Abbildung sehen Sie einen Stich mit je 1 Ober, Unter, Ass und König.

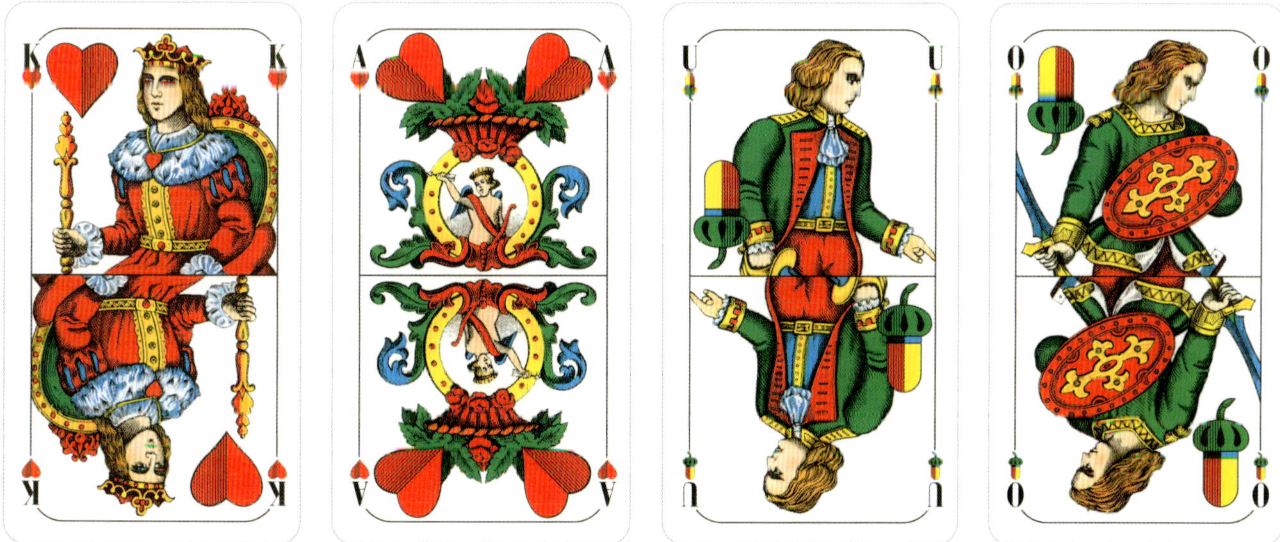

Aufgabe: Wie viele Augen hat dieser Stich?

Lösung: Da ein König 4, eine Ass 11, ein Unter 2 und ein Ober 3 Punkte zählt, ergibt sich als Summe 20 Punkte.
Oder mathematisch formuliert: 4 + 11 + 2 + 3 = 20.

Übung 3: In der folgenden Abbildung sehen Sie einen Stich mit je 1 Neun, König, Zehn und Ass.

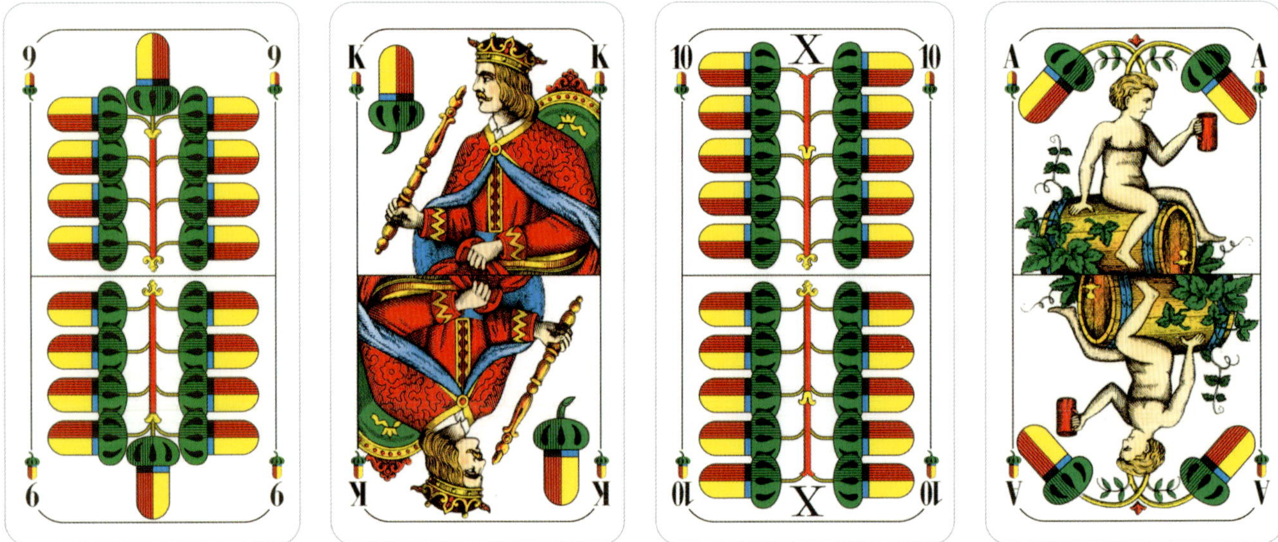

Aufgabe: Wie viele Augen hat dieser Stich?

Lösung: Da eine Neun 0, ein König 4, eine Zehn 10 und eine Ass 11 Punkte zählt, ergibt sich als Summe 25 Punkte. **Oder mathematisch formuliert:** 0 + 4 + 10 + 11 = 25.
Im Sprachgebrauch wird diese Konstellation manchmal auch „die 25 Eichel" genannt.

Übung 4: In der folgenden Abbildung sehen Sie einen Stich mit je 1 König und Zehn sowie zwei Assen.

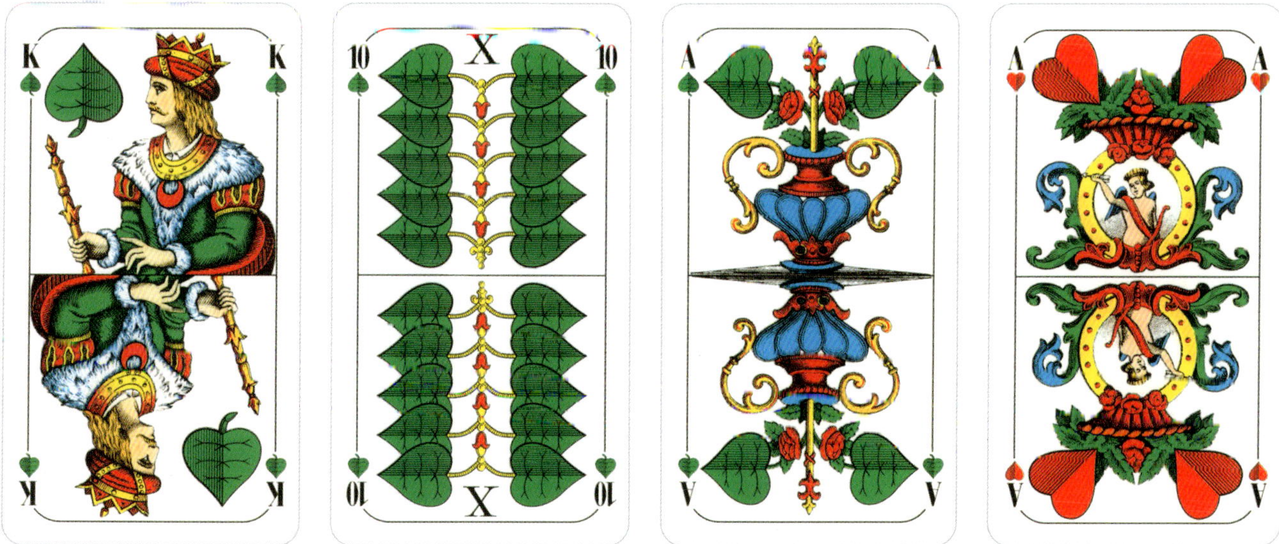

Aufgabe: Wie viele Augen hat dieser Stich?

Lösung: Da ein König 4, eine Zehn 10 und eine Ass 11 Punkte zählt, ergibt sich als Summe 36 Punkte.
Oder mathematisch formuliert: $4 + 10 + 11 + 11 = 36$.

2.3 Ziel des Spiels

Wann ein Spiel gewonnen ist

Der Spielmacher versucht, mit seinen Stichen mehr als die Hälfte der Gesamtpunkte, also 61 Augen, zu erreichen. Bei einem Rufspiel werden seine Stiche und die seines Partners zusammengezählt, bei einem Einzelspiel ist der Spielmacher auf sich alleine gestellt.
Im Gegensatz dazu versuchen die Gegner des Spielmachers zu verhindern, dass dieser 61 Augen sammelt. Dazu ist es notwendig, dass sie selbst mindestens 60 Augen in ihren Stichen sammeln.

ACHTUNG: Wichtig ist nicht, wie viele Stiche der Spielmacher bzw. seine Gegner machen, sondern einzig und allein die Punktezahl der Karten in den Stichen!

2.4 Der Ablauf eines Spiels

Die 3 Phasen

Jedes Schafkopf-Spiel besteht aus den folgenden drei Phasen:

Phase 1: Verteilen der Karten
Phase 2: Spielansage
Phase 3: (Eigentliches) Spiel

2.4.1 Das Verteilen der Karten

Phase 1

Wie bei jedem anderen Kartenspiel müssen auch beim Schafkopf zuerst die Karten verteilt werden, bevor irgendeine Art des Spiels überhaupt beginnen kann. Dazu setzen sich die vier Spieler – ich nenne sie hier Spieler A bis D – an einen Tisch mit Blick zueinander, nehmen ein Päckchen bayerischer Spielkarten zur Hand und entfernen eventuell die vier Sechser, so dass die 32 Karten für die „lange Karte“ zur Verfügung stehen.

Hinweis: **Anders als in Österreich oder Südtirol werden die Sechser bei keinem Kartenspiel in Bayern benötigt.**

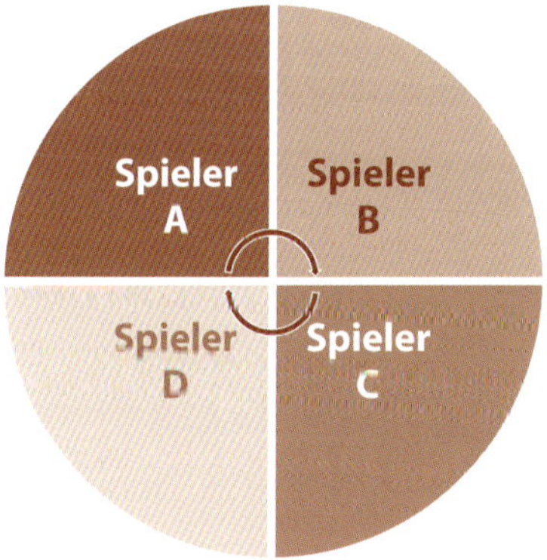

Anschließend bestimmen die vier Spieler einen aus ihren Reihen, der das erste Spiel gibt. Zwei häufig praktizierte Methoden hierfür seien hier genannt: Das Lebensalter („der Jüngste gibt") oder Abheben („die höchste Karte gibt"). In unserem Beispiel ist es Spieler D, der mit dem Ausgeben beginnt.

Dazu mischt er die 32 Karten und legt sie dann seinem rechten Nachbarn (dem „Heber") verdeckt zum Abheben auf den Tisch. Der Heber hebt einmal ab, das heißt, er nimmt einen Teil der Karten vom Stapel und legt sie neben dem anderen Teil der Karten auf den Tisch. Der Geber nimmt die liegengebliebenen Karten und legt sie auf den abgehobenen Teil der Karten.

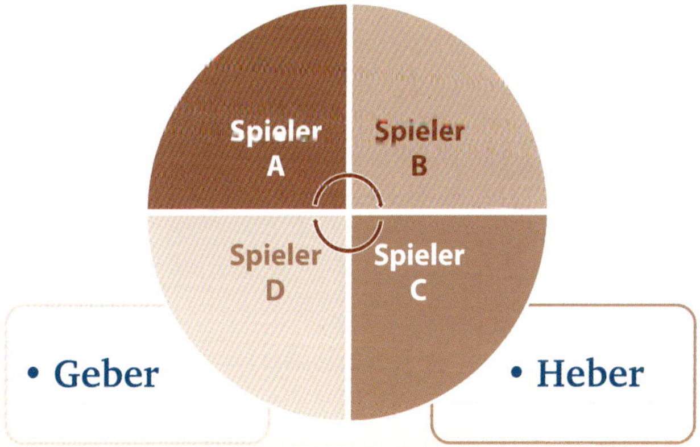

Anschließend teilt der Geber im Uhrzeigersinn in zwei Runden je vier Karten an alle vier Spieler aus, so dass jeder Spieler sechs Karten erhält. Er beginnt bei seinem linken Nachbarn (Spieler A). Der Geber selbst ist somit der letzte Spieler, der jeweils die drei Karten in jeder Runde erhält.

Wichtig: Das Mischen, Abheben und Verteilen muss verdeckt geschehen, so dass kein Spieler auch nur irgendeine Karte einsehen kann. Wird beim Geben eine Karte aufgedeckt, muss (vom selben Geber) noch einmal gegeben werden. Dies ist auch der Fall, wenn ein Spieler zu viele oder zu wenig Karten bekommen hat.

2.4.2 Die Spielansage

Phase 2

Nachdem alle vier Spieler ihre acht Karten aufgenommen haben, wird geklärt, welcher Spieler zum Spielmacher wird. Reihum, und zwar erneut im Uhrzeigersinn und beginnend links vom Geber, erklären sich die Spieler.

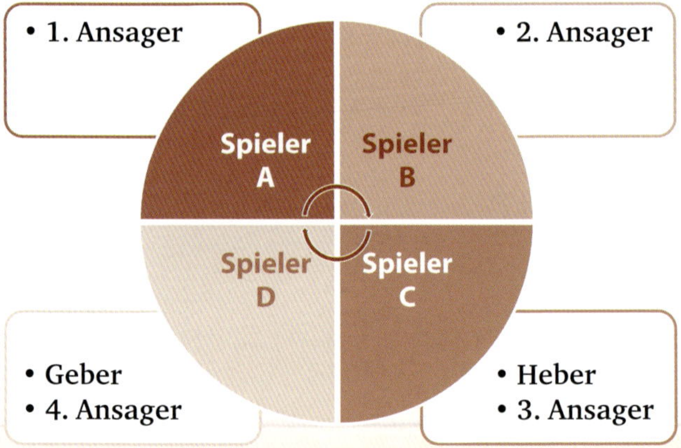

Wer aufgrund der erhaltenen Karten denkt, ein Spiel allein oder mit Partner gewinnen zu können, erklärt „Ich spiele“. Welche Spielarten es gibt und welche Karten Sie für welche Spielart haben sollten, um spielen zu können, wird im weiteren Verlauf des Buches in aller Ausführlichkeit erklärt.

Wenn Sie keine passenden Karten erhalten haben, um ein Spiel machen zu können, erklären Sie „Weiter“.

Nachdem sich alle vier Spieler erklärt haben, kann es zu folgenden drei Szenarien kommen:

1. Hat genau ein Spieler erklärt zu spielen und die anderen drei nicht, steht der Spielmacher automatisch fest. Er sagt an, welches Spiel er macht.

2. Haben mehrere Spieler erklärt zu spielen, kommt der Spieler mit dem höchstwertigen Spiel als Spielmacher zum Zug. Die Wertigkeit der Spiele finden Sie in Kapitel 6, „Die Wertigkeit der Spiele“ und das Verfahren zur Bestimmung des Spielmachers in einem solchen Fall in Kapitel 7, „Mehrere Spielansagen“.

3. Hat sich niemand bereit erklärt zu spielen, werden die Karten zusammengeworfen und „der Nächste gibt“, das heißt, der linke Nachbar des aktuellen Gebers wird zum nächsten Geber. In anderen Worten: Die Rolle des Gebers (und damit auch des Hebers) wechselt von Spiel zu Spiel im Uhrzeigersinn.

2.4.3 Das (eigentliche) Spiel

Phase 3

Wie schon in der Einleitung angesprochen, beschränke ich mich in diesem Buch auf die drei wichtigsten Spielarten, die es beim Schafkopf gibt, das Rufspiel (auch Partnerspiel oder „Sauspiel"), das Solo und den Wenz.

2.5 Der Gang eines Spiels

Wie ein Spiel abläuft

Der erste Schritt des eigentlichen Spiels ist das sogenannte „Ausspielen". Das heißt, der links vom Geber sitzende Spieler (in unserem Beispiel ist dies Spieler A) legt eine seiner Karten als erste Karte, aufgedeckt und somit für alle vier Spieler sichtbar, auf den Tisch.

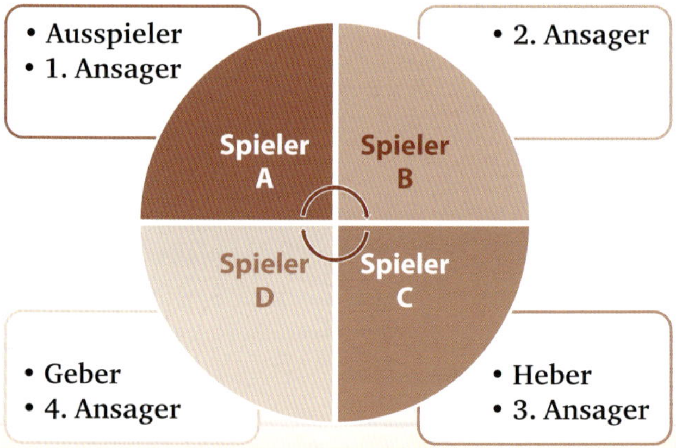

Anschließend legen die folgenden Spieler reihum im Uhrzeigersinn eine Karte dazu. Die höchste Karte sticht. Den Stich, also die vier Karten zusammen, erhält der Spieler, der die höchste Karte, also die stechende Karte auf den Tisch gelegt hat. Dazu legt er die vier Karten zusammen auf einen Stapel, dreht sie um (verdeckt sie somit) und legt sie vor sich auf dem Tisch ab. Der erste Stich ist somit vorbei und es beginnt der zweite.

Wichtig: Die Reihenfolge der Spieler im Uhrzeigersinn, ausgehend vom Ausspieler, ist genau einzuhalten. Legen Sie also nur dann eine Karte auf den Tisch, wenn Sie an der Reihe sind, nicht vorher und nicht nachher. Es wird „stets vom demjenigen ausgespielt, der den vorhergehenden Stich gemacht hat“[2]. Sind alle acht Stiche gemacht, ist das eigentliche Spiel beendet.

2.6 Das Bedienen (Zugeben)

Welche Karte gespielt werden muss

Lassen Sie mich hier mit der offiziellen Definition des Bayerischen Schafkopfverbandes beginnen: „Beim Zuwerfen muss stets, wenn dies möglich ist, die ausgespielte Karte (Farbe oder Trumpf) bedient werden.“[2]

Dieser Satz beschreibt zwei wichtige Grundprinzipien beim Schafkopf-Spiel: das Trumpf-Zugeben und das Farbe-Zugeben. Dem Ausspieler steht frei, entweder einen Trumpf oder eine Farbkarte auf den Tisch zu legen.

Die anderen drei Spieler sind an seine Vorgabe (Trumpf oder Farbe) gebunden und müssen entsprechend auch einen Trumpf oder eine Farbkarte auf den Tisch legen (= zugeben), aber nur, wenn sie eine dieser Karten in ihren Händen halten. Ist dies nicht der Fall, können sie jedes beliebige Blatt zuwerfen.

Da diese beiden Grundprinzipien von äußerster Wichtigkeit sind und sie beim Spielen unbedingt eingehalten werden müssen, habe ich ihnen im Folgenden eigene Abschnitte gewidmet, in denen ich diese nochmals detailliert beschreibe.

Eine Frage, die an dieser Stelle häufig aufkommt, ist: Welche Karten sind „Farbe“ und welche Karten sind „Trumpf“? Die Antwort auf diese Frage ist je nach Spielart (Rufspiel, Wenz oder Solo) unterschiedlich. Diese finden Sie im jeweiligen Kapitel ausführlich beschrieben.

Während das Farbe- oder Trumpf-Zugeben Pflicht ist, gibt es keinen Zwang, eine auf den Tisch liegende Karte mit einer höheren Karte zu stechen. Mehr dazu in den beiden folgenden Abschnitten über das Trumpf-Zugeben bzw. das Farbe-Zugeben.

2.6.1 Das Trumpf-Zugeben

Wenn ein Trumpf ausgespielt wird

Wird vom Ausspieler ein Trumpf auf den Tisch gelegt, müssen alle anderen Spieler ein Trumpfblatt zugeben, unabhängig davon, ob dieses höher oder niedriger im Wert ist.

Wer keinen Trumpf in seinen Karten hat, kann jede beliebige Karte zuwerfen.

Wird ein Trumpf ausgespielt und Sie haben mehrere Trümpfe in der Hand, können Sie selbst wählen, welchen Trumpf Sie zugeben wollen. Je nach Strategie kann es besser für Sie sein, einen Trumpf zuzugeben, der im Wert niedriger oder höher ist als der auf dem Tisch liegende.

2.6.2 Das Farbe-Zugeben

Wenn eine Farbkarte ausgespielt wird

Wird vom Ausspieler eine Farbkarte (also kein Trumpf) auf den Tisch gelegt, müssen alle anderen Spieler eine Karte derselben Farbe (Eichel, Gras, Herz oder Schellen) zugeben, unabhängig davon, ob diese höher oder niedriger im Wert ist.

Wer keine Karte dieser Farbe in seinen Karten hat, kann jede beliebige Karte zuwerfen. Insbesondere können Sie in diesem Fall mit einer Trumpfkarte stechen.

Wird eine Farbe ausgespielt und Sie haben mehrere Karten dieser Farbe in der Hand, können Sie selbst wählen, welche dieser Karten Sie zugeben wollen. Je nach Strategie kann es besser für Sie sein, eine Farbkarte zuzugeben, die im Wert niedriger oder höher ist als die auf dem Tisch liegende.

2.7 Das Spielergebnis

Wer gewonnen hat

Nach Ablauf des Spiels wird gezählt, wie viele Punkte jede Partei erzielt hat.

Hat der Spielmacher 61 Augen oder mehr erreicht, so hat er das Spiel gewonnen. Hat entsprechend die Gegenpartei 60 oder mehr Augen in ihren Stichen, so hat sie das Spiel gewonnen. Ein Unentschieden gibt es nicht.

Zwei Besonderheiten gibt es, wenn ein Spiel einen sehr deutlichen Gewinner ergeben hat: Verliert der Spielmacher und sammelt weniger als 31 Augen, hat er „Schneider" verloren. Verliert die Gegenpartei, ist sie „Schneider", wenn sie weniger als 30 Augen erzielt hat.

Hat die Verlierer-Partei keinen einzigen Stich gemacht, hat sie „Schneider Schwarz" (regional auch „Schneider Nicht" oder „Schneider Durch") verloren.

Bei Turnieren werden Spiele, die „Schneider" oder „Schneider Schwarz" gewonnen werden, mit zusätzlichen Punktgewinnen belohnt. Spielt die Schafkopfrunde um Geld, wird nun der zu zahlende Betrag ermittelt und ausgezahlt. Bei einem Partnerspiel (Rufspiel) übergibt je ein Spieler der Verliererpartei den Betrag an einen der Gewinner. Bei einem Einzelspiel (Wenz oder Solo) kassiert der Spielmacher im Gewinnfall den Betrag von jedem seiner Gegner bzw. zahlt den Betrag an jeden seiner Gegner aus, wenn er das Spiel verloren hat.

Nehmen wir in einem Beispiel folgende Tarife an: Grundtarif Rufspiel 10 Cent, Grundtarif Solo/Wenz 50 Cent, Aufschlag „Schneider" und „Schwarz" je 10 Cent. Gewinnen Sie bei diesen Tarifen ein Solo „Schneider Schwarz", können Sie von jedem der 3 Gegenspieler den Grundtarif 50 Cent plus 20 Cent Aufschlag verlangen und haben somit in diesem Spiel insgesamt 2,10 Euro eingenommen.

Richtig teuer wird es, wenn mindestens die drei höchsten Trümpfe entweder beim Spielmacher oder bei den Gegenspielern waren (für jeden der „Laufenden" muss ebenfalls eine Einheit bezahlt werden, das gilt auch, wenn man trotz der hohen Trümpfe verliert) oder wenn ein Gegenspieler beim Beginn der Partie Contra gerufen hat (dies ist möglich, wenn man überzeugt ist, das Spiel zu gewinnen, dadurch wird der Spielbetrag automatisch verdoppelt). Ein Contra kann übrigens vom Spielmacher auch erwidert werden, wodurch sich der Betrag vervierfacht.

Wichtig: Erkundigen Sie sich vor dem Spiel über die Tarife, um die bei der jeweiligen Spielart gespielt wird!

2.8 Nach dem Spiel

Wenn ein Spiel vorbei ist

Nachdem das Ergebnis eines Spiels ermittelt wurde, ist dieses beendet und das nächste Spiel beginnt. Was in Kurzform „Der Nächste gibt" genannt wird, bedeutet Folgendes: Die Rollen des Gebers und somit auch des Hebers wechseln im Uhrzeigersinn um eine Position. Oder in anderen Worten ausgedrückt: Der Ausspieler des vorherigen Spiels wird zum Geber und der Geber des vorherigen Spiels wird zum Heber.

3. Das Rufspiel

Das Partnerspiel oder auch „Sauspiel“ genannt

In diesem Kapitel lernen Sie die wichtigsten Elemente des Rufspiels, auch Partnerspiel oder „Sauspiel“ genannt, kennen. Es ist die grundlegendste und wichtigste Spielart beim Schafkopf. Ich widme ihr daher mehrere Unterkapitel, um sie detailliert zu beschreiben.

3.1 Die Trümpfe

Welche Karten welche anderen stechen

Beim Rufspiel sind 14 der insgesamt 32 Karten Trümpfe. Alle anderen Karten sind Farbkarten. Mit einem Trumpf können Sie eine Farbkarte stechen, wenn Sie diese Farbe nicht haben.

Welche Karten sind also nun die Trümpfe beim Rufspiel? Es sind die vier Ober, die vier Unter sowie die sechs anderen Karten der Farbe Herz, also Herz-Ass, Herz-Zehn, Herz-König, Herz-Neun, Herz-Acht und Herz-Sieben.

Innerhalb der 14 Trümpfe ist die Wertigkeit, also welcher Trumpf höher ist als der andere, genau festgelegt:

1. Eichel-Ober O
2. Gras-Ober O
3. Herz-Ober O
4. Schellen-Ober O
5. Eichel-Unter U
6. Gras-Unter U
7. Herz-Unter U
8. Schellen-Unter U
9. Herz-Ass A
10. Herz-Zehn 10
11. Herz-König K
12. Herz-Neun 9
13. Herz-Acht 8
14. Herz-Sieben 7

Der Eichel-Ober ist also der höchste Trumpf, den es beim Rufspiel gibt. Er kann alle anderen Trümpfe sowie alle Farbkarten stechen.

Wenn Sie einen genauen Blick auf die Rangfolge der Trümpfe werfen, werden Sie erkennen, dass die vier

Ober und die vier Unter in jeweils derselben Reihenfolge der Farben gelistet sind. Dies ist kein Zufall. Denn die Farbreihenfolge ist bei allen Spielarten die gleiche und Sie sollten sie sich gut einprägen: Eichel – Gras – Herz – Schellen.

Trümpfe 1 bis 4

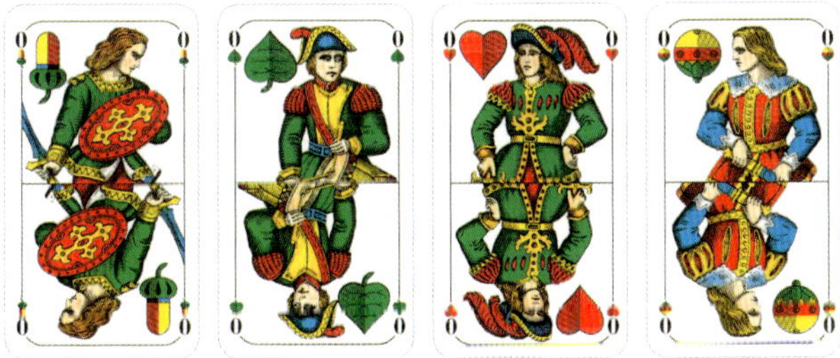

Trümpfe 5 bis 8

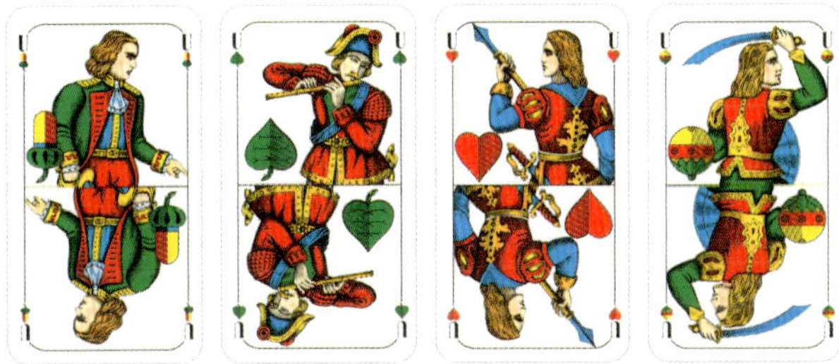

Trümpfe 9 bis 14

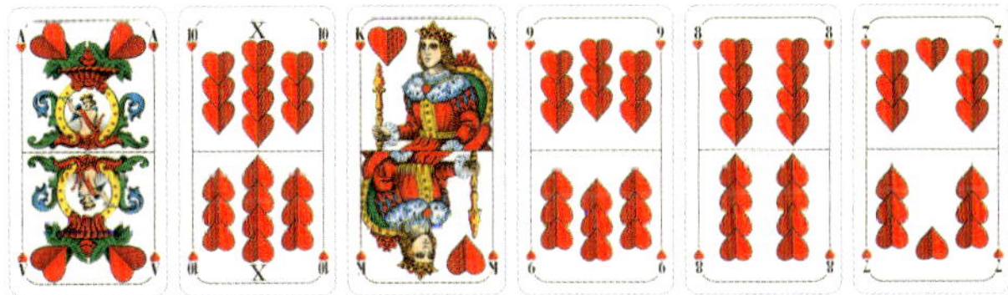

3.2 Die Ansage

Wie das Rufspiel heißt

Hat sich nach dem Verteilen der Karten (Phase 1) und der Erklärung aller Spieler (Phase 2) ein Spieler bereit erklärt, ein Spiel zu machen („Ich spiele"), muss dieser nun ansagen, welches Spiel er macht.

Beim Rufspiel sind drei verschiedene Spielansagen möglich:

- „Mit der Eichel-Ass" (oder auch „Mit der Alten")
- „Mit der Gras-Ass" (oder auch „Mit der Blauen")
- „Mit der Schellen-Ass"

> **WICHTIG: Die Herz-Ass ist beim Rufspiel ein Trumpf. Sie kann nicht gerufen werden!**

Welche Bedeutungen haben diese Ansagen? Nehmen wir dazu zuerst die Erklärung des Spielmachers („Ich spiele") mit der Ansage (z.B. „Mit der Eichel-Ass") zu einem Satz zusammen: „Ich spiele mit der Eichel-Ass". Erweitern Sie nun den Satz wie folgt: „Ich spiele zusammen mit dem Spieler, der die Eichel-Ass hat." Und schon können Sie einige sehr wichtige Elemente des Rufspiels herauslesen :

- Der Spielmacher wählt seinen Partner, indem er eine Ass (Eichel-, Gras- oder Schellen-Ass) nennt (ruft), die er selbst nicht hat.
- Der Spielmacher muss von der Ruf-Farbe selbst mindestens ein Blatt haben, in unserem Beispiel sind dies Eichel-Zehn, Eichel-König, Eichel-Neun, Eichel-Acht und Eichel-Sieben.
- Wer die gerufene Ass hat, ist der Partner, darf dies aber nicht zu erkennen geben.
- Die Partnerschaft wird geklärt, wenn die gerufene Ass auf den Tisch kommt.
- Im Gegensatz zu den Einzelspielen Wenz und Solo, bei denen der Spielmacher drei Gegner hat, spielen beim Rufspiel zwei Spieler gegen zwei andere.

3.3 Zugeben

Welche Karte gespielt werden muss

Die beiden Grundprinzipien Trumpf-Zugeben und Farbe-Zugeben gelten ganz normal. Wichtig beim Rufspiel ist, dass (neben den Obern und den Untern) die Herz-Karten Trümpfe sind. Bei den Eichel-, Gras- und Schellen-Karten (außer den Obern und den Untern) handelt es sich um Farbkarten.

Zusätzlich zum Trumpf- und Farbe-Zugeben gibt es beim Rufspiel jedoch weitere Besonderheiten, die die gerufene Ass (also Eichel-, Gras- oder Herz-Ass) betreffen:

1. Wird die Ruf-Farbe ausgespielt, muss die Ruf-Ass zugegeben werden.
   Beispiel: Wird mit der Eichel-Ass gespielt und der Ausspieler legt ein Eichel auf den Tisch, müssen Sie die Eichel-Ass zugeben, auch wenn Sie zusätzlich noch den Eichel-König in der Hand haben.
2. Die Ruf-Ass darf ausgespielt werden, um sich als Partner zu erkennen zu geben.
   Beispiel: Wird mit der Eichel-Ass gespielt und Sie haben genau diese Eichel-Ass in der Hand und sind als Ausspieler am Zug, dürfen Sie diese ausspielen, um dem Spielmacher anzuzeigen, dass Sie sein Partner sind.
3. Der Spieler mit der Ruf-Ass darf keine andere Karte der Ruf-Farbe ausspielen.
   Beispiel: Wird mit der Eichel-Ass gespielt und Sie haben genau diese Eichel-Ass in der Hand, dürfen Sie z. B. den Eichel-König oder die Eichel-Sieben nicht ausspielen.
4. Die Ruf-Ass darf nicht „geschmiert“ werden, d. h. sie darf nicht abgeworfen werden, obwohl kein Trumpf oder keine Farbe zugegeben werden kann.
   Beispiel: Wird mit der Eichel-Ass gespielt, Sie haben genau diese Eichel-Ass in der Hand und merken, dass Ihr Partner einen Stich macht und Sie ihm eigentlich mit Hilfe der Ruf-Ass elf Punkte zukommen lassen wollen („schmieren“), dürfen Sie dies nicht tun. Wird die Ruf-Farbe im Verlauf des Spiels nicht ausgespielt, müssen Sie die Ruf-Ass bis zum letzten Stich in der Hand behalten.

3.4 Strategien

Wie Sie am besten vorgehen

Der Spielmacher und sein Partner sowie die beiden anderen Spieler als Gegenpartei verfolgen üblicherweise gegensätzliche Strategien, um ihr Ziel (61 Augen bzw. 60 Augen) zu erreichen.

Ich verwende „üblicherweise“, um damit auszudrücken, dass die im Folgenden beschriebenen Strategien keine Pflicht sind und somit auch in keinem Regelwerk stehen. Trotzdem werden sie in den allermeisten Fällen befolgt und man würde sie vielleicht als ein „ungeschriebenes Gesetz“ bezeichnen. Als Anfänger empfehle ich Ihnen auf jeden Fall, auf die beschriebene Weise vorzugehen.

Da der Spielmacher und sein Partner davon ausgehen, dass sie zusammen die Mehrzahl der Trümpfe haben, spielen sie bei jeder sich bietenden Gelegenheit einen Trumpf aus. Damit zwingen sie die Gegenpartei, deren wenige Trümpfe auch noch zuzugeben, bis diese im günstigsten Fall keine Trümpfe mehr haben. In diesem Fall kann anschließend die Ruf-Farbe (Spieler) bzw. die Ruf-Ass (Partner) gespielt werden, ohne dass sie befürchten müssen, von der Gegenpartei gestochen zu werden.

Genau in entgegengesetzter Weise geht die Gegenpartei vor: Sie haben wohl weniger Trümpfe als der Spielmacher und sein Partner und vermeiden es, Trümpfe auszuspielen. Stattdessen versuchen sie, Farben zu spielen (Eichel, Gras, Schellen), entweder um eine eigene Ass durchzubringen oder die gerufene Ass zu stechen.

Nach der Spielansage steht zwar fest, welche beiden Spieler zusammengehören, dies ist aber noch nicht bekannt. Je nach Strategie, die ein Ausspieler verfolgt, lässt sich aber in den allermeisten Fällen erkennen, zu welcher Partei er gehört:

- Spielt ein Ausspieler einen Trumpf, ist er entweder selbst der Spielmacher oder er gibt sich als sein Partner zu erkennen.
- Spielt ein Ausspieler eine Farbkarte, gehört er wohl zur Gegenpartei.

3.5 Voraussetzungen

Welche Karten Sie haben sollten

Für die Frage, welche Karten Sie in etwa haben sollten, um ein Rufspiel ansagen und dann auch erfolgreich gestalten zu können, gibt es erneut keine Regeln. Es handelt sich stattdessen um Erfahrungswerte. Selbstverständlich sind in erster Linie möglichst viele und möglichst hohe Trümpfe erforderlich. Bitte beachten Sie aber: Unter bestimmten Umständen können Sie auch mit den vermeintlich besten Trümpfen ein Rufspiel verlieren. Die folgenden Erläuterungen dienen daher ausschließlich als Richtschnur dafür, mit welchen Karten Sie auf jeden Fall ein Rufspiel versuchen sollten.

- 7 Trümpfe: Wenn Sie 7 Trümpfe in ihren Karten haben und dazu die notwendige Farbkarte, sollten Sie in jedem Fall ein Rufspiel ansagen. Dabei spielt es fast keine Rolle, welche Trümpfe es sind. Die Tatsache, dass Sie selbst 7 der 14 Trümpfe haben, verschafft Ihnen im Lauf des Spiels auf jeden Fall ein Übergewicht.
- 6 Trümpfe: Auch mit 6 Trümpfen sollten Sie stark genug sein, ein Rufspiel zu gewinnen.
- 5 Trümpfe, darunter mindestens 1 Ober: Auch bei dieser Konstellation können Sie ein Rufspiel versuchen. Vielleicht hilft Ihnen ja Ihr Partner!
- 4 Trümpfe, darunter mindestens 2 Ober: Wenn die restlichen 10 Trümpfe auf die anderen 3 Spieler einigermaßen verteilt sind, können auch 4 Trümpfe für ein erfolgreiches Rufspiel ausreichend sein. Die reine Trumpf-Strategie durchzusetzen, ist hier aber schwierig. Hilfreich wäre es daher, wenn sich unter Ihren Farbkarten eine Ass befindet. Dies verspricht ein spannendes Spiel zu werden.
- 4 Trümpfe, darunter der Eichel-Ober: Den Eichel-Ober als den allerhöchsten Trumpf selbst zu haben, bietet Ihnen den Vorteil, dass Sie die Kontrolle über das Spiel übernehmen bzw. behalten können, wenn Sie es wollen, um Ihre (Trumpf-) Strategie durchzusetzen. Oder ist zu erwarten, dass ein Stich viele Augen enthalten wird, können Sie mit dem Eichel-Ober sicherstellen, dass Ihnen dieser wertvolle Stich nicht durch die Lappen geht. Der Eichel-Ober hat beim Schafkopf in etwa die Funktion des Max beim Watten.

3.6 Beispiele

Wann Sie ein Rufspiel machen können und wann nicht

Beispiel 1: Nach dem Ausgeben haben Sie folgendes Blatt in der Hand.

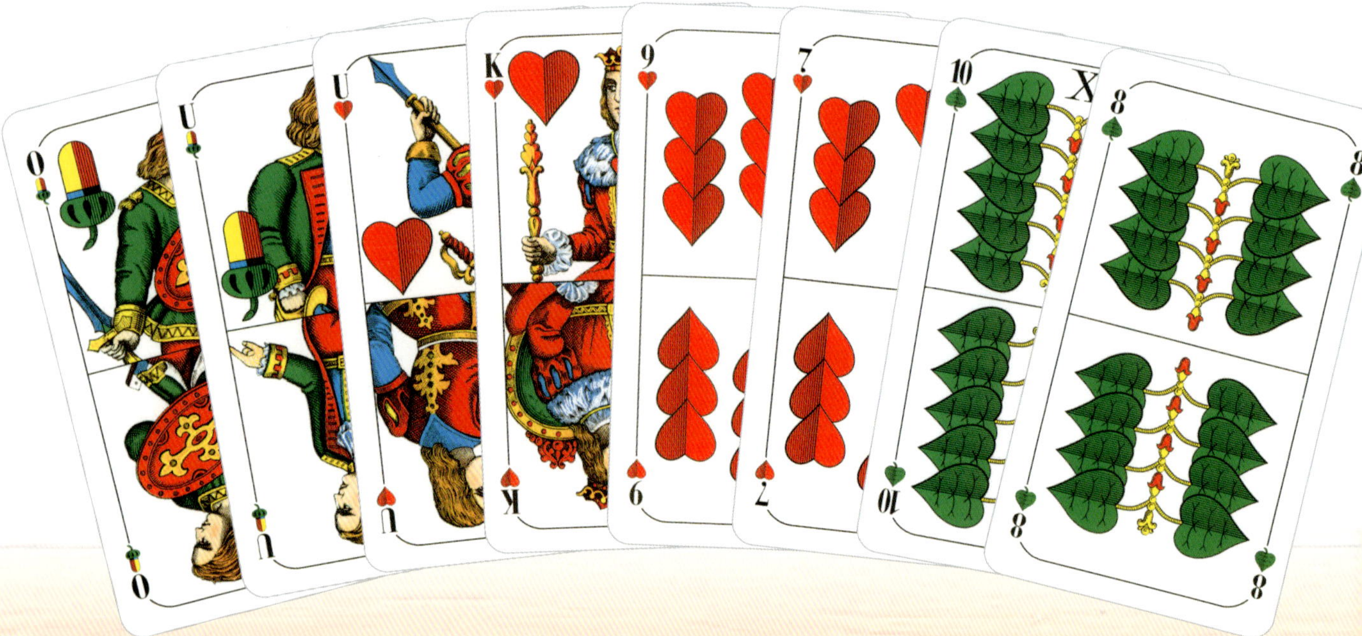

Aufgabe: Bewerten Sie Ihr Blatt, indem Sie folgende Fragen für sich beantworten:

- Wie viele Trümpfe habe ich?
- Spiele ich oder spiele ich nicht?
- Falls ja, wie sage ich mein Spiel an?

Lösung: Der Eichel-Ober, die beiden Unter sowie Herz-König, Herz-Neun und Herz-Sieben sind insgesamt sechs Trümpfe (siehe auch Abschnitt „Die Trümpfe"). Mit sechs Trümpfen sollten Sie auf jeden Fall ein Rufspiel versuchen (siehe auch Abschnitt „Voraussetzungen"). Bei der siebten und achten Karte, der Gras-Zehn und Gras-Sieben, handelt es sich um Karten einer Farbe, deren Ass Sie selbst nicht haben (siehe Abschnitt „Die Ansage"). Ihre Ansage lautet somit: „Ich spiele" und „Mit der Gras-Ass" (oder auch „Mit der Blauen").

Beispiel 2: Nach dem Ausgeben haben Sie folgendes Blatt in der Hand.

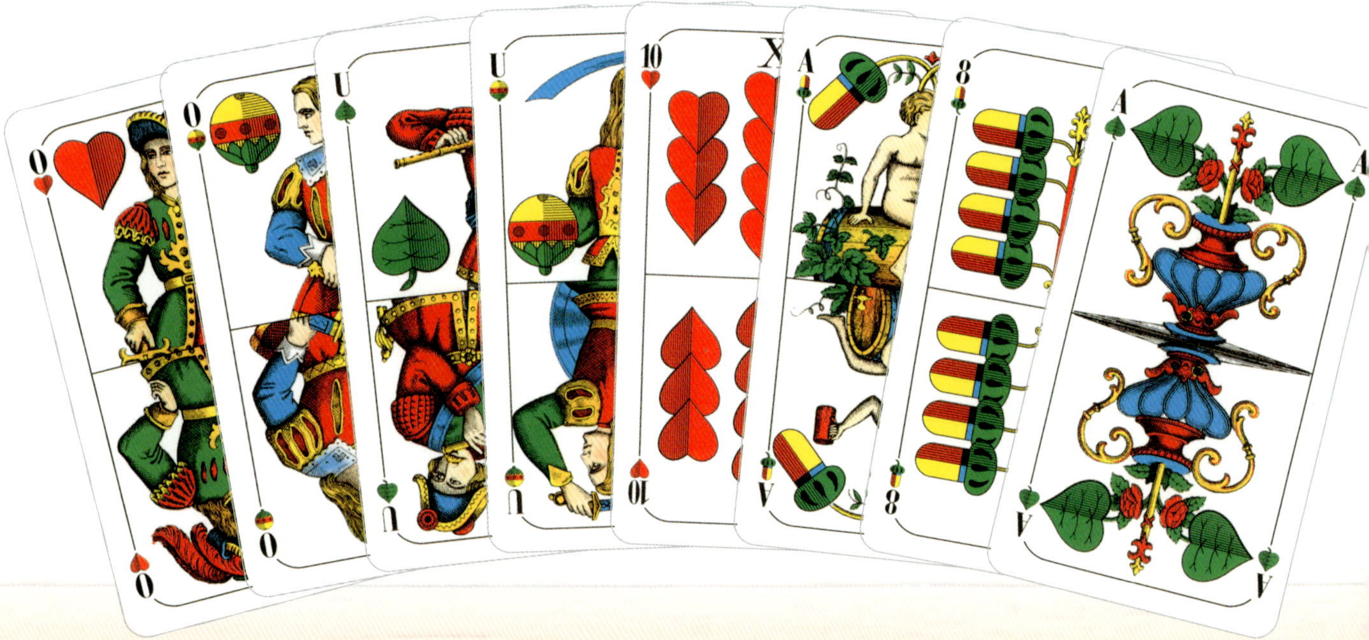

Aufgabe: Bewerten Sie Ihr Blatt, indem Sie folgende Fragen für sich beantworten:
- Wie viele Trümpfe habe ich?
- Spiele ich oder spiele ich nicht?
- Falls ja, wie sage ich mein Spiel an?

Lösung: Die beiden Ober, die beiden Unter sowie die Herz-Zehn sind insgesamt fünf Trümpfe (siehe auch Abschnitt „Die Trümpfe"). Da sich unter Ihren Trümpfe auch mindestens ein Ober befindet, sollten Sie eigentlich ein Rufspiel versuchen (siehe auch Abschnitt „Voraussetzungen"). Unter den drei restlichen Karten befinden sich aber „nur" Asse und mit der Eichel-Acht eine Karte der Farbe, deren Ass Sie auch haben. Sie haben also keine Farbkarte, deren Ass Sie selbst nicht haben (siehe Abschnitt „Die Ansage") und können somit keine Ass rufen. Daher bleibt Ihnen nichts anderes übrig, als bei der Ansage-Runde „Weiter" zu sagen. In dieser Situation wird auch davon gesprochen, dass Sie „gesperrt" sind.

Beispiel 3: Nach dem Ausgeben haben Sie folgendes Blatt in der Hand.

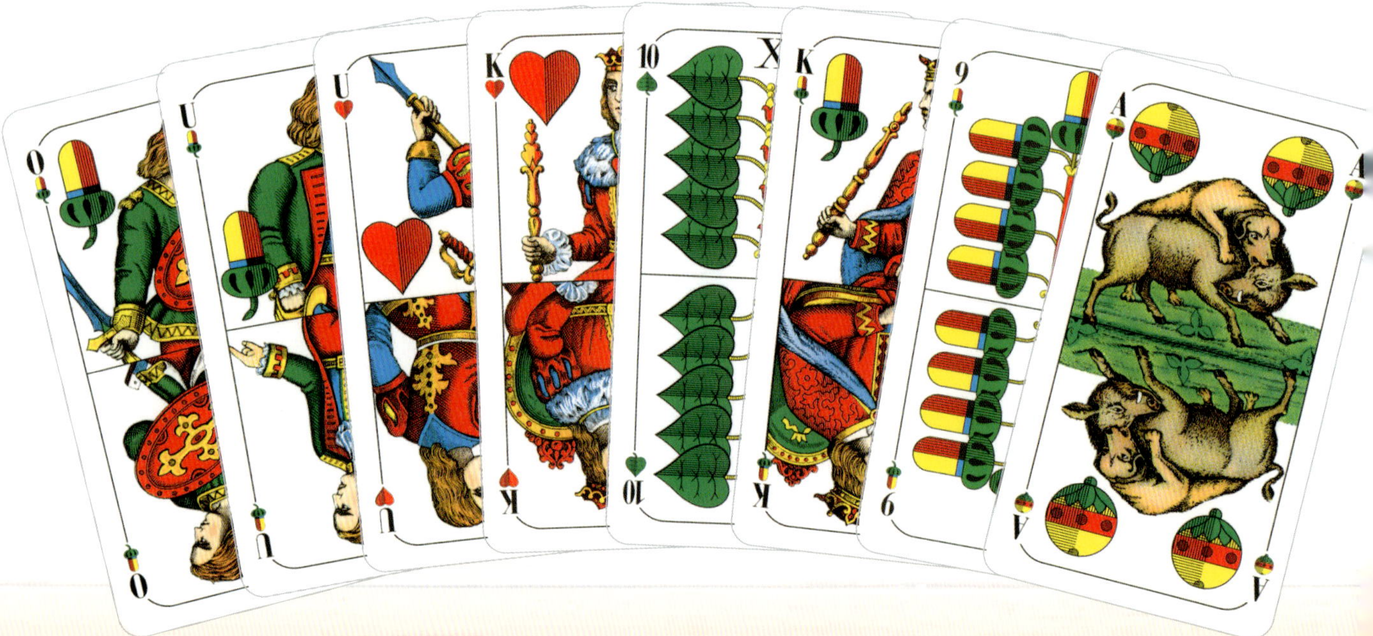

Aufgabe: Bewerten Sie Ihr Blatt, indem Sie folgende Fragen für sich beantworten:

- Wie viele Trümpfe habe ich?
- Spiele ich oder spiele ich nicht?
- Falls ja, wie sage ich mein Spiel an?

Lösung: Der Eichel-Ober, die beiden Unter sowie der Herz-König sind insgesamt vier Trümpfe (siehe auch Abschnitt „Die Trümpfe"). Mit vier Trümpfen gilt es abzuwägen, ob Ihr Blatt gut genug ist, um ein Spiel zu machen. Der Eichel-Ober als höchster Trumpf bietet Ihnen hier gute Chancen, ein Rufspiel erfolgreich zu gestalten (siehe auch Abschnitt „Voraussetzungen") und Sie sollten es somit versuchen.

Neben den vier Trümpfen haben Sie mit der Gras-Zehn, dem Eichel-König und der Eichel-Neun drei Farbkarten, deren Ass Sie rufen können. Welche der beiden Farben sollen Sie also wählen? Eine Regel gibt es hier ebenfalls nicht. Sie sollten jedoch folgende Dinge bedenken:

- Da der Spieler mit der Ruf-Ass Ihr Partner ist, ist es wahrscheinlicher, dass ein Stich mit der gerufenen Farbe auf Ihr Konto geht.
- Da die Zehn Ihre einzige Karte der Farbe Gras ist, ist die Gefahr geringer, dass ein Gegner kein Gras hat und somit diesen Stich bekommt.
- Eine Zehn bringt mehr Augen (10) ein als ein König (4).

Somit ist es in diesem Beispiel empfehlenswert, die Gras-Ass zu rufen. Ihre Ansage lautet somit: „Ich spiele" und „Mit der Gras-Ass".

4. Das Solo

Die Königsdisziplin

In diesem Kapitel lernen Sie die wichtigsten Elemente des Solos kennen. Es ist die höchstwertige Spielart und somit die Königsdisziplin beim Schafkopf.

Im Gegensatz zum Rufspiel, bei dem zwei Spieler gegen zwei andere spielen, handelt es sich beim Solo, wie der Name schon sagt, um ein Einzelspiel. Das heißt, der Spielmacher hat alle anderen drei Spieler als Gegner.

Weil es je nach Farbe vier verschiedene Soli gibt, spricht man häufig auch von Farb-Solo. Mehr Hintergründe dazu finden Sie in den folgenden Abschnitten.

4.1 Die Trümpfe

Welche Karten welche anderen stechen

Bei einem Solo sind, wie beim Rufspiel, 14 der insgesamt 32 Karten Trümpfe. Alle anderen Karten sind Farbkarten. Mit einem Trumpf können Sie eine Farbkarte stechen, wenn Sie diese Farbe nicht haben.

Welche Karten sind also nun die Trümpfe beim Solo? Es sind die vier Ober, die vier Unter sowie die sechs anderen Karten, also Ass, Zehn, König, Neun, Acht und Sieben, der Farbe, die mit angesagt werden muss. Eine genaue Beschreibung finden Sie im nächsten Abschnitt.

Innerhalb der 14 Trümpfe ist die Wertigkeit, also welcher Trumpf höher ist als der andere, genau festgelegt, hier am Beispiel eines Gras-Solos:

1.	Eichel-Ober	O	8.	Schellen-Unter	U
2.	Gras-Ober	O	9.	Gras-Ass	A
3.	Herz-Ober	O	10.	Gras-Zehn	10
4.	Schellen-Ober	O	11.	Gras-König	K
5.	Eichel-Unter	U	12.	Gras-Neun	9
6.	Gras-Unter	U	13.	Gras-Acht	8
7.	Herz-Unter	U	14.	Gras-Sieben	7

Der Eichel-Ober ist also auch bei einem Solo, unabhängig von der Farbe des Solos, der höchste Trumpf. Er kann alle anderen Trümpfe sowie alle Farbkarten stechen.
Wie auch beim Rufspiel sind die vier Ober und die vier Unter in jeweils derselben Reihenfolge der Farben gelistet. Denn die Farbreihenfolge ist, wie bereits erwähnt: Eichel – Gras – Herz – Schellen.

4.2 Die Ansage

Wie das Solo heißt

Hat sich nach dem Verteilen der Karten (Phase 1) und der Erklärung aller Spieler (Phase 2) ein Spieler bereit erklärt, ein Spiel zu machen („Ich spiele"), muss dieser nun ansagen, welches Spiel er macht.
Beim Solo sind vier verschiedene Spielansagen möglich:

- „Eichel-Solo" oder „Eichel sticht"
- „Gras-Solo" oder „Gras sticht" oder „Grün sticht"
- „Herz-Solo" oder „Herz sticht"
- „Schellen-Solo" oder „Schellen sticht"

Wie im Abschnitt „Die Trümpfe" beschrieben, hat die Ansage beim Solo eine direkte Auswirkung darauf, welche Karten Trümpfe und welche Farbkarten sind. Neben den vier Obern und vier Untern sind die Karten Ass, Zehn, König, Neun, Acht und Sieben der angesagten Farbe Trümpfe, die der anderen drei Farben gelten als Farbkarten. Wird zum Beispiel ein „Gras-Solo" angesagt, werden die Gras-Ass, die Gras-Zehn, der Gras-König, die Gras-Neun, die Gras-Acht und die Gras-Sieben zu den Trümpfen 9 bis 14 und können somit die Asse, Zehner, Könige, Neuner, Achter und Siebener der Farben Eichel, Herz oder Schellen stechen.

WICHTIG: Herz-Ass, Herz-Zehn, Herz-König, Herz-Neun, Herz-Acht und Herz-Sieben sind nur bei einem Herz-Solo Trümpfe. Bei anderen Soli sind sie einfache Farbkarten.

4.3 Zugeben

Welche Karte gespielt werden muss

Die beiden Grundprinzipien Trumpf-Zugeben und Farbe-Zugeben gelten ganz normal.
Zusätzlich zum Trumpf- und Farbe-Zugeben gibt es beim Solo keine weiteren Besonderheiten.

4.4 Strategien

Wie Sie am besten vorgehen

Der Spielmacher sowie die drei anderen Spieler als Gegenpartei verfolgen üblicherweise gegensätzliche Strategien, um ihr Ziel (61 Augen bzw. 60 Augen) zu erreichen. Ich verwende „üblicherweise", um damit auszudrücken, dass die im Folgenden beschriebenen Strategien keine Pflicht sind und somit auch in keinem Regelwerk stehen. Trotzdem werden sie in den allermeisten Fällen befolgt und man würde sie vielleicht als ein „ungeschriebenes Gesetz" bezeichnen. Als Anfänger empfehle ich Ihnen auf jeden Fall, auf die beschriebene Weise vorzugehen.

Da der Spielmacher davon ausgeht, dass er mehr Trümpfe hat als jeder seiner Gegner, spielt er bei jeder sich bietenden Gelegenheit einen Trumpf aus. Damit zwingt er die Gegenspieler, ihre wenigen Trümpfe auch noch zuzugeben, bis sie im günstigsten Fall gar keine mehr haben. In diesem Fall kann er anschließend mit seinen überzähligen Trümpfen, die Farbkarten der Gegner stechen, ohne dass er befürchten muss, von der Gegenpartei gestochen zu werden.
Genau in entgegengesetzter Weise geht die Gegenpartei vor: Jeder von ihnen hat wohl weniger Trümpfe als der Spielmacher und vermeidet es, einen Trumpf auszuspielen. Stattdessen versuchen sie, Farben zu spielen (nicht die Trumpf-Farbe).

4.5 Voraussetzungen

Welche Karten Sie haben sollten

Für die Frage, welche Karten Sie in etwa haben sollten, um ein Solo ansagen und dann auch erfolgreich gestalten zu können, gibt es erneut keine Regeln. Es handelt sich stattdessen um Erfahrungswerte. Selbstverständlich sind in erster Linie möglichst viele und möglichst hohe Trümpfe erforderlich. Bitte beachten Sie aber: Unter bestimmten Umständen können Sie auch mit den vermeintlich besten Trümpfen ein Solo verlieren. Die folgenden Erläuterungen dienen daher ausschließlich als Richtschnur dafür, mit welchen Karten Sie auf jeden Fall ein Solo versuchen sollten.

- 8 Trümpfe: Wenn Sie 8 Trümpfe in ihren Karten haben, sollten Sie in jedem Fall ein Solo ansagen. Dabei spielt es fast keine Rolle, welche Trümpfe es sind. Die Tatsache, dass Sie selbst 8 der 14 Trümpfe haben, verschafft Ihnen im Lauf des Spiels auf jeden Fall ein Übergewicht.
- 7 Trümpfe: Auch mit 7 Trümpfen sollten Sie stark genug sein, ein Solo zu gewinnen.
- 6 Trümpfe, darunter 2 Ober: Da hier vermutlich schon 2 Stiche mit Ihren Farbkarten an die Gegner gehen, dürfen Sie nicht mehr allzu viele Trumpf-Stiche abgeben. Mit den 2 Obern können Sie sich jedoch viele gegnerische Trümpfe holen, so dass es mit einem Sieg doch noch klappen kann.
- 5 Trümpfe, darunter 3 Ober, Ass einer Nicht-Trumpf-Farbe: Auch bei dieser Konstellation sollten Sie ein Solo versuchen. Vermutlich gehen Stiche mit Ihren Farbkarten an die Gegner. Dies sollten Sie aber durch die 3 Ober mindestens ausgleichen können. Wenn Sie es schaffen, den Gegnern deren Trümpfe zu ziehen, kommen Sie auch mit Ihrer Ass zum Zug und können sich noch entscheidende Punkte sichern.
- 5 Trümpfe, darunter 2 Ober und 2 Unter, Ass einer Nicht-Trumpf-Farbe: Wie beim vorherigen Beispiel sollten Sie den Verlust durch die Farbkarte durch den Besitz starker Trümpfe egalisieren können. Dies verspricht auf jeden Fall ein spannendes Spiel zu werden!

4.6 Beispiel

Wann Sie ein Solo machen können

Nach dem Ausgeben haben Sie folgendes Blatt in der Hand.

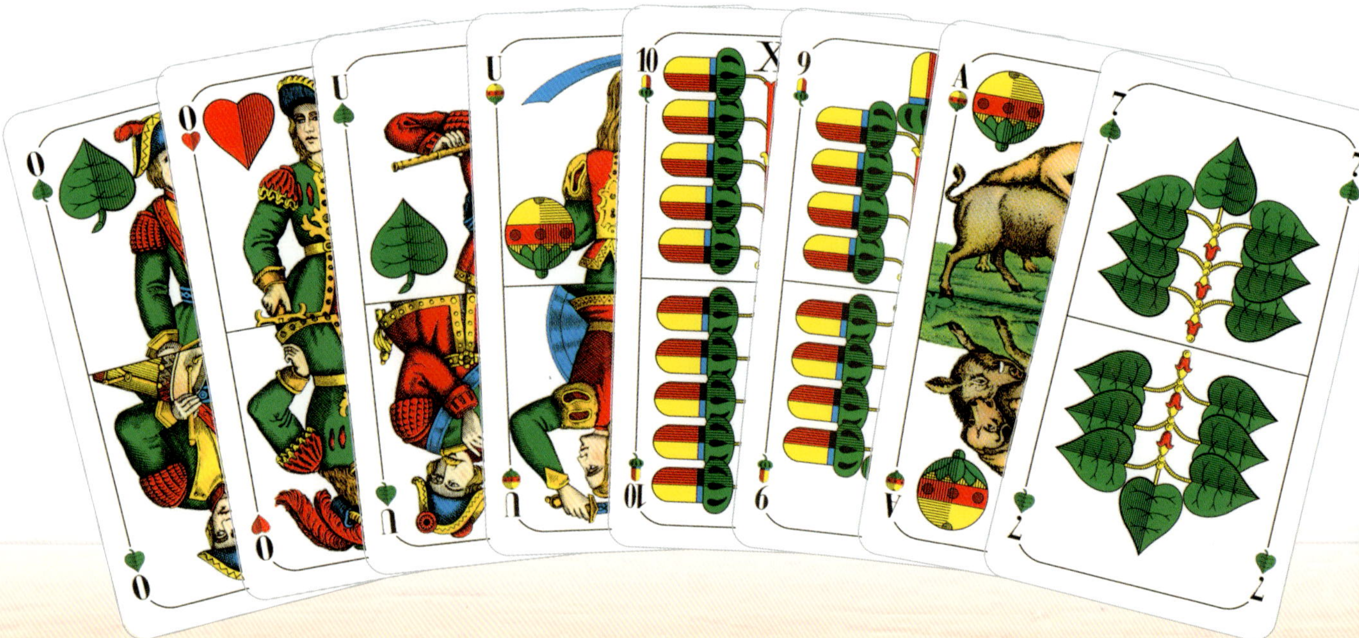

Aufgabe: Bewerten Sie Ihr Blatt auf ein Solo hin, indem Sie folgende Fragen für sich beantworten:

- Wie viele Trümpfe habe ich bei einer bestimmten Farbe?
- Spiele ich oder spiele ich nicht?
- Falls ja, wie sage ich mein Spiel an?

Lösung: Die beiden Ober, die beiden Unter sowie die Eichel-Zehn und die Eichel-Neun sind dann insgesamt sechs Trümpfe (siehe auch Abschnitt „Die Trümpfe"), wenn Sie das Solo „Eichel-Solo" nennen. Zusätzlich können Sie mit der Schellen-Ass noch einen Stich machen. Somit sollten Sie hier ein Solo spielen (siehe auch Abschnitt „Voraussetzungen"). Ihre Ansage lautet somit: „Ich spiele" und „Eichel-Solo" bzw. „Eichel sticht".

5. Der Wenz

Das sogenannte Unter-Solo

In diesem Kapitel lernen Sie die wichtigsten Elemente des Wenz kennen. Da es beim Wenz nur vier Trümpfe gibt und auch keine unterschiedlichen Variationen, ist er eine relativ einfach zu lernende Spielart des Schafkopfens.

Im Gegensatz zum Rufspiel, bei dem zwei Spieler gegen zwei andere spielen, handelt es sich auch beim Wenz um ein Einzelspiel. Das heißt, wie bei einem Solo hat der Spielmacher alle anderen drei Spieler als Gegner.

Eine Unterscheidung nach Farbe („Farb-Wenz") ist eine regionale Variante, auf die ich hier nicht eingehe. Für Sie als Anfänger gibt es einfach den Wenz.

5.1 Die Trümpfe

Welche Karten welche anderen stechen

Beim Wenz sind lediglich vier der insgesamt 32 Karten Trümpfe. Alle anderen Karten sind Farbkarten. Wie bei allen Spielarten gilt: Mit einem Trumpf können Sie eine Farbkarte stechen, wenn Sie diese Farbe nicht haben.

Welche Karten sind also nun die Trümpfe beim Wenz? Es sind die vier Unter, weshalb der Wenz manchmal auch „Unter-Solo" genannt wird.

Innerhalb der vier Trümpfe ist die Wertigkeit, also welcher Trumpf höher ist als der andere, genau festgelegt:

1. Eichel-Unter U
2. Gras-Unter U
3. Herz-Unter U
4. Schellen-Unter U

Statt dem Eichel-Ober ist also bei einem Wenz der Eichel-Unter der höchste Trumpf. Er kann alle anderen Trümpfe sowie alle Farbkarten stechen. Die vier Ober spielen bei einem Wenz keine besondere Rolle und sind ganz normale Farbkarten. Stattdessen bekommen aufgrund der wenigen Trümpfe die Asse eine höhere Bedeutung. Sie sind nach den vier Untern die höchsten Karten.

5.2 Die Ansage

Wie der Wenz heißt

Hat sich nach dem Verteilen der Karten (Phase 1) und der Erklärung aller Spieler (Phase 2) ein Spieler bereit erklärt, ein Spiel zu machen („Ich spiele"), muss dieser nun ansagen, welches Spiel er macht. Beim Wenz gibt es nur eine Spielansage: „Wenz".

5.3 Zugeben

Welche Karte gespielt werden muss

Die beiden Grundprinzipien Trumpf-Zugeben und Farbe-Zugeben gelten ganz normal. Darüber hinaus gibt es, wie beim Solo, keine weiteren Besonderheiten. Wichtig beim Wenz ist lediglich, dass außer den vier Untern alle weiteren Karten Farbkarten sind.

5.4 Strategien

Wie Sie am besten vorgehen

Der Spielmacher sowie die drei anderen Spieler als Gegenpartei verfolgen üblicherweise gegensätzliche Strategien, um ihr Ziel (61 Augen bzw. 60 Augen) zu erreichen.
Ich verwende „üblicherweise", um damit auszudrücken, dass die im Folgenden beschriebenen Strategien keine Pflicht sind und somit auch in keinem Regelwerk stehen. Trotzdem werden sie in den allermeisten Fällen befolgt und man würde sie vielleicht als ein „ungeschriebenes Gesetz" bezeichnen. Als Anfänger empfehle ich Ihnen auf jeden Fall, auf die beschriebene Weise vorzugehen.
Der Spielmacher spielt erst einmal einen Trumpf aus, um sich die gegnerischen Trümpfe (Unter) zu holen. Danach entscheidet er, ob es notwendig ist, noch einen weiteren Trumpf zu spielen, um sich auch noch den letzten gegnerischen Trumpf zu holen, oder besser ist, gleich mit einer Ass weiterzumachen, um Punkte zu sammeln. Behalten Sie überzählige Trümpfe in der Hand, um im weiteren Verlauf des Spiels auf Aktionen der Gegner reagieren zu können.

Genau in entgegengesetzter Weise geht die Gegenpartei vor: Jeder von ihnen hat wohl weniger Trümpfe als der Spielmacher und vermeidet es, einen Trumpf auszuspielen. Stattdessen versuchen sie, Farben zu spielen. Hierbei gibt es zweierlei Vorgehensweisen:

- Eine Ass ausspielen: Evtl. hat der Spielmacher eine wertlose Karte dieser Farbe, einen sogenannten „Spatz“, dem man ihm entlocken kann.
- Keine Ass ausspielen: Evtl. hat der Spielmacher die Ass dieser Farbe, die die Mitspieler stechen können. Diese Vorgehensweise wird auch „eine Ass suchen“ genannt.

Welche Vorgehensweise die bessere ist, beschreibt der folgende bairische Ausspruch sehr schön: „Host an Wenz, dann suachst a Sau. Host koan Wenz, dann bringst a Sau!“ Dieser Spruch beschreibt Folgendes: Um eine reelle Chance zu haben, den Spielmacher eines Wenz zu besiegen, gehen die Gegner von der Annahme aus, dass der Spielmacher nur zwei Trümpfe hat und sie selbst auch. Wenn dies der Fall ist, gibt es zwei Möglichkeiten: Entweder ein Spieler hat beide (beide sind „in einer Hand“ bzw. „stehen zusammen“) oder beide sind auf zwei Spieler verteilt („stehen auseinander“). Stehen die zwei Unter der Gegenpartei zusammen, ist es besser, den Spielmacher durch Ausspielen einer Ass unter Druck zu setzen. Sticht er nämlich diese Ass, hat er selbst nur noch einen Trumpf und ist somit in Unterzahl. Sind dagegen die beiden Unter auf zwei Spieler der Gegenpartei verteilt, ist es empfehlenswert, Asse des Spielmachers zu „suchen“, um die einzelnen Unter wirkungsvoll einzusetzen, bevor sie vom Spielmacher gezogen werden. Nochmal zusammengefasst in Hochdeutsch: Wenn Sie einen Unter haben, spielen Sie keine Ass aus, sondern suchen eine Ass des Spielmachers. Wenn Sie keinen Unter haben, spielen Sie, wenn möglich, eine Ass aus. Dies gilt übrigens auch für den Fall, dass Sie selbst beide Unter haben.

5.5 Voraussetzungen

Welche Karten Sie haben sollten

Für die Frage, welche Karten Sie in etwa haben sollten, um einen Wenz ansagen und dann auch erfolgreich gestalten zu können, gibt es erneut keine Regeln. Es handelt sich stattdessen um Erfahrungswerte. Selbstverständlich sind in erster Linie möglichst viele und möglichst hohe Trümpfe erforderlich. Bitte beachten Sie aber: Unter bestimmten Umständen können Sie auch mit den vermeintlich besten Trümpfen einen Wenz verlieren. Die folgenden Erläuterungen dienen daher ausschließlich als Richtschnur dafür, mit welchen Karten Sie auf jeden Fall einen Wenz versuchen sollten.
Als weitere Hilfestellung dient die Annahme, dass wohl fünf Stiche notwendig sind, um einen Wenz zu gewinnen.

- 4 Unter und 1 Ass: Wenn Sie alle vier Unter und eine Ass in ihren Karten haben, sollten Sie in jedem Fall einen Wenz ansagen. Dabei spielt es fast keine Rolle, welche anderen Karten Sie noch haben. Die Tatsache, dass diese fünf Karten auf jeden Fall stechen werden, gibt Ihnen bereits sehr gute Gewinnchancen. Haben Sie zusätzlich zur Ass noch weitere Karten derselben Farbe, ist dies umso besser.

- 3 Unter (inklusive Eichel-Unter) und 2 Asse: Auch in dieser Konstellation ist Ihnen der Spielgewinn relativ sicher. Den fehlenden Unter können Sie Ihren Gegnern durch Ausspielen des Eichel-Unters entziehen. Anschließend werden auch Ihre Asse sicher zum Stich kommen. Gefährlich kann es für Sie nur dann werden, wenn die Gegner eine Ihrer Asse mit ihrem Unter stechen, bevor Sie diesen ziehen konnten. Haben Sie zusätzlich noch andere Karten derselben Farbe wie Ihre Asse, ist dies umso besser.

- 2 Unter (inklusive Eichel-Unter) und 3 Asse: Dadurch, dass Sie durch Ausspielen des Eichel-Unters den Gegnern die beiden anderen Unter entziehen können, können Sie auch bei dieser Konstellation einen Wenz versuchen. Andererseits kann es für Sie auch gefährlich werden, wenn die Gegner eine Ihrer Asse mit einem Unter stechen. Dies verspricht auf jeden Fall ein spannendes Spiel zu werden!

– 2 Unter (inklusive Eichel-Unter) und Ass, Zehn und weitere Karten derselben Farbe: Wie beim vorherigen Beispiel können Sie mit dem Eichel-Unter den Gegnern die beiden anderen Unter entziehen und kommen dann mit der Ass, der Zehn und weiteren Karten Ihrer „langen" Farbe zum Stich. Auch diese Konstellation ist auf jeden Fall einen Wenz wert, eine Gewinngarantie gibt es allerdings hierfür nicht!

5.6 Beispiel

Wann Sie einen Wenz spielen können

Nach dem Ausgeben haben Sie das unten abgebildete Blatt in der Hand.

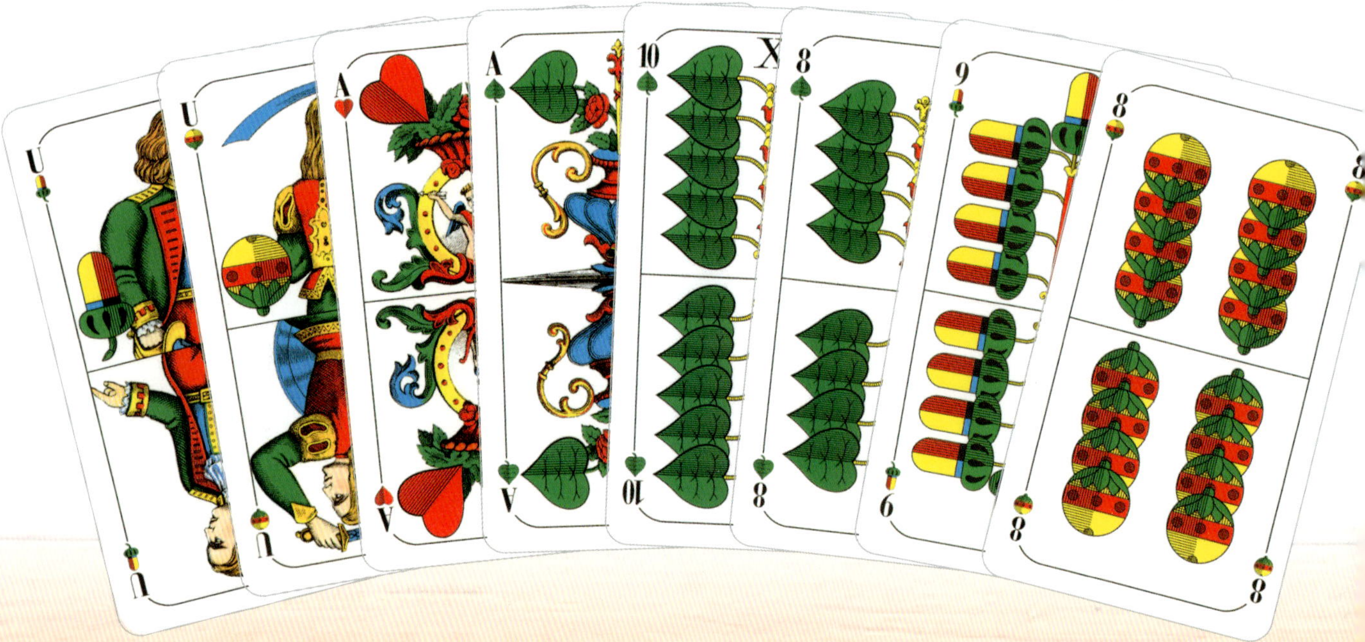

Aufgabe: Bewerten Sie Ihr Blatt auf einen Wenz hin, indem Sie folgende Fragen für sich beantworten:

- Wie viele Trümpfe und wie viele Asse habe ich?
- Spiele ich oder spiele ich nicht?
- Falls ja, wie sage ich mein Spiel an?

Lösung: Die beiden Unter sind zwar insgesamt nur zwei Trümpfe. Dadurch, dass aber der Eichel-Unter dabei ist, können Sie mit beiden Untern zum Stich kommen. Die beiden Asse sowie die Gras-Zehn können dann für Ihre Stiche Nummer drei, vier und fünf sorgen, die notwendig sind, um den Wenz zu gewinnen. Im günstigsten Fall werden beim Ausspielen der Gras-Ass und der Gras-Zehn die anderen Gras-Karten zugeworfen, so dass auch noch Ihre Gras-Acht für einen sechsten Stich zu Ihren Gunsten sorgen könnte. Mit diesen Karten sollten Sie auf jeden Fall einen Wenz spielen (siehe auch Abschnitt „Voraussetzungen“). Ihre Ansage lautet somit: „Ich spiele“ und „Wenz“.

6. Die Wertigkeit der Spielarten

Welches Spiel höher ist als das andere

In der Abbildung finden Sie die Wertigkeit der Spielarten in Form einer Pyramide dargestellt. Je höherwertig eine Spielart ist, desto weiter oben ist sie auf der Pyramide genannt. Das Rufspiel ist also sozusagen das „Basisspiel“ beim Schafkopf. An der Spitze steht das Solo und ist somit die höchstwertige Spielart. Im entsprechenden Kapitel habe ich es auch als die Königsdisziplin bezeichnet. Zwischen diesen beiden befinden sich in der Wertigkeit die anderen Spielarten. Da wir bisher „nur“ den Wenz kennengelernt haben, besteht diese Pyramide aus drei Stufen. Warum es wichtig ist, die Wertigkeit der Spielarten zu kennen, wollen wir im nächsten Abschnitt näher betrachten.

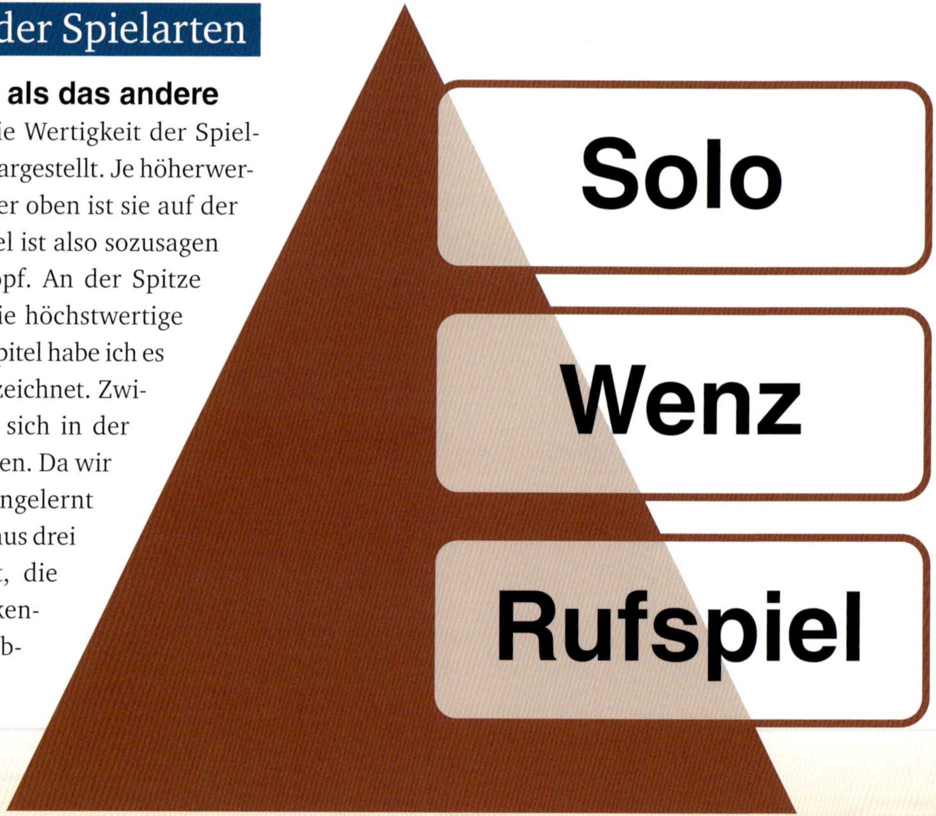

7. Mehrere Spielansagen

Wenn 2 spielen wollen

Wenn zwei Spieler spielen wollen, kommt es zu einem Konflikt, denn eines ist sicher: Nur ein Spieler kommt als Spielmacher zum Zug.

Genau an dieser Stelle kommt nun die Wertigkeit der Spielarten, die ich im letzten Abschnitt beschrieben habe, ins Spiel. Grundsätzlich gilt im Fall mehrerer Spielansagen, dass der Spieler den Zuschlag erhält, der das höherwertige Spiel hat.

Wie wird nun also ermittelt, welcher Spieler das Recht erhält, das Spiel zu machen? Bei einer dreistufigen Pyramide mit Rufspiel, Wenz und Solo ist das Verfahren noch recht einfach und funktioniert wie folgt:

Hat ein Spieler einen Wenz oder ein Solo und ist vorher schon ein Spiel erklärt, so muss er statt „Ich spiele" erklären: „Ich spiele auch". Die drei folgenden Fälle sind nun möglich.

Fall 1: Hat der Spieler, der zuerst ein Spiel erklärt hat (Spieler A), „nur“ ein Rufspiel, überlässt er dem anderen Spieler (Spieler B) die Rolle des Spielmachers, in er „Gut“ oder auch „Weiter“ sagt. Dieser kann nun sein Spiel bekanntgeben. Es muss sich zwangsläufig um ein Einzelspiel handeln. Dieser Fall ist in folgender Abbildung grafisch dargestellt .

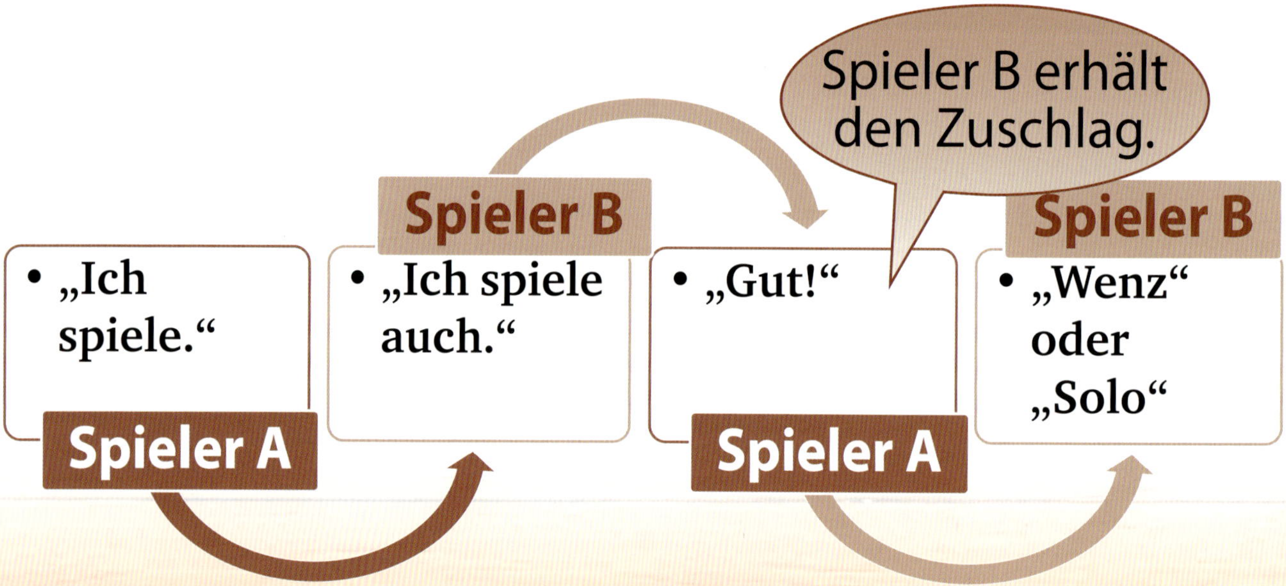

Fall 2: Will der Voransitzende (Spieler A) aber selber alleine spielen (d.h. Wenz oder Solo), so nennt er sein Einzelspiel. Der nachfolgende Spieler (Spieler B) kann nun nur noch mit einem höherwertigen Einzelspiel zum Zug kommen. Denn bei gleichrangigen Spielen entscheidet die Sitzreihenfolge, wer Spielmacher wird. In der folgenden Abbildung hat der voransitzende Spieler A einen Wenz und wird vom nach ihm erklärenden Spieler B durch ein Solo überstimmt.

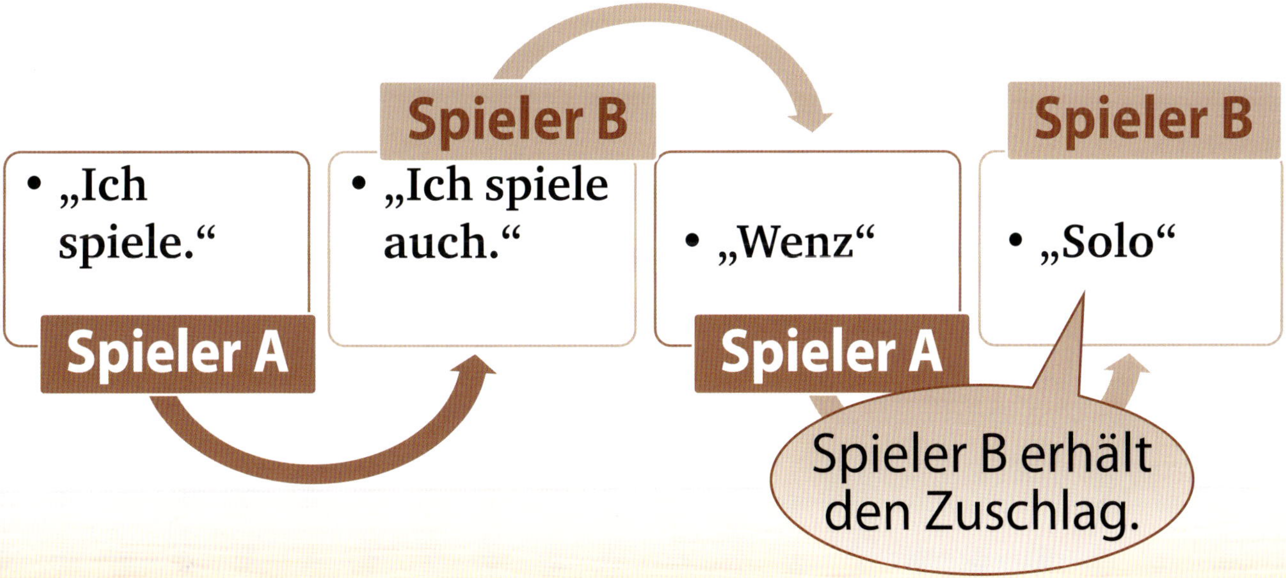

Fall 3: Wie im Fall 2 will der Voransitzende (Spieler A) selbst alleine spielen, hat aber ein Solo. Da es kein höherwertiges Spiel gibt, erhält Spieler A automatisch den Zuschlag und wird zum Spielmacher. Spieler B braucht keine Ansage mehr zu machen.

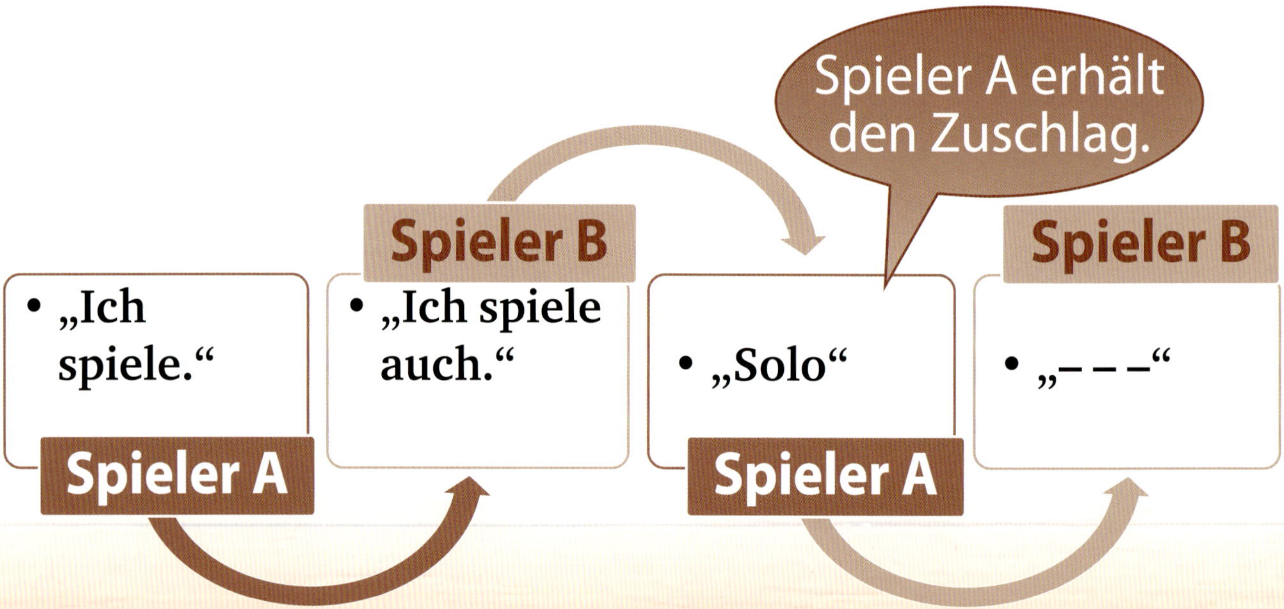

8. Wenz-Tout und Solo-Tout

Wenn Sie alle Stiche machen wollen

Lassen Sie mich zum Schluss noch auf ein paar besondere Varianten der bereits beschriebenen Einzelspiele (Wenz und Solo) eingehen, die zwar nicht sehr häufig vorkommen, aber vielleicht gerade deswegen einen besonderen Reiz ausüben.

8.1 Bedeutung

Was ein Tout ist

Hat ein Spieler solch gute Karten, dass er bereits bei der Ansage ankündigen will, alle Stiche zu machen, kündigt er dies mit dem Zusatz „Tout" an. Das Wort „Tout" kommt aus dem Französischen und steht für „Alle" oder „Alles", was genau der beschriebenen Bedeutung entspricht.

Die entsprechende Ansage lautet somit „Wenz-Tout" oder „Solo-Tout" (gesprochen: „Wenz-Tu" bzw. „Solo-Tu").

Warum sollte ein Spieler also solch eine Ansage riskieren? Die Antwort auf diese Frage ist ganz einfach. Wird mit Geld gespielt, verdoppeln sich die Beträge bei Ansage eines „Tout" automatisch. Bei Turnieren gibt es für ein Solo-Tout deutlich mehr Punkte als für ein „normales" Solo, was dann häufig über den Turniersieg entscheidet. Einen Wenz-Tout gibt es bei Turnieren normalerweise nicht.

Die Tatsache, dass ein Spieler ankündigt, alle Stiche machen zu wollen, verändert auch das Ziel des Spiels: Den 3 Gegnern reicht ein einziger Stich, um zu gewinnen bzw. den Spielmacher verlieren zu lassen. Die Anzahl der Augen spielt somit bei einem „Tout" ausnahmsweise keine Rolle.

8.2 Beispiele

Wann Sie einen Tout spielen können

Beispiel 1 (Wenz-Tout): Nach dem Ausgeben haben Sie folgendes Blatt in der Hand.

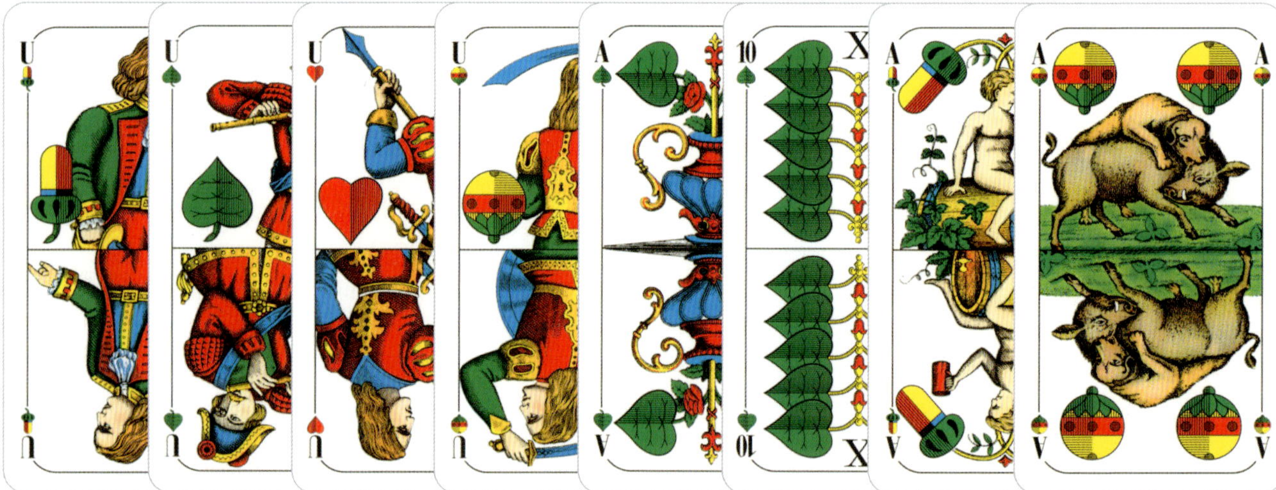

Kommentar: Dadurch, dass Sie alle vier Trümpfe (die vier Unter) selbst haben, haben die drei Gegner keine Chance, eine Ihrer beiden Asse zu stechen. Auch die Gras-Zehn ist nicht gefährdet, da Sie die Gras-Ass selbst haben. Sie werden also ganz sicher alle acht Stiche machen. Dieser Wenz-Tout ist somit unverlierbar für Sie.

Beispiel 2 (Solo-Tout): Nach dem Ausgeben haben Sie folgendes Blatt in der Hand.

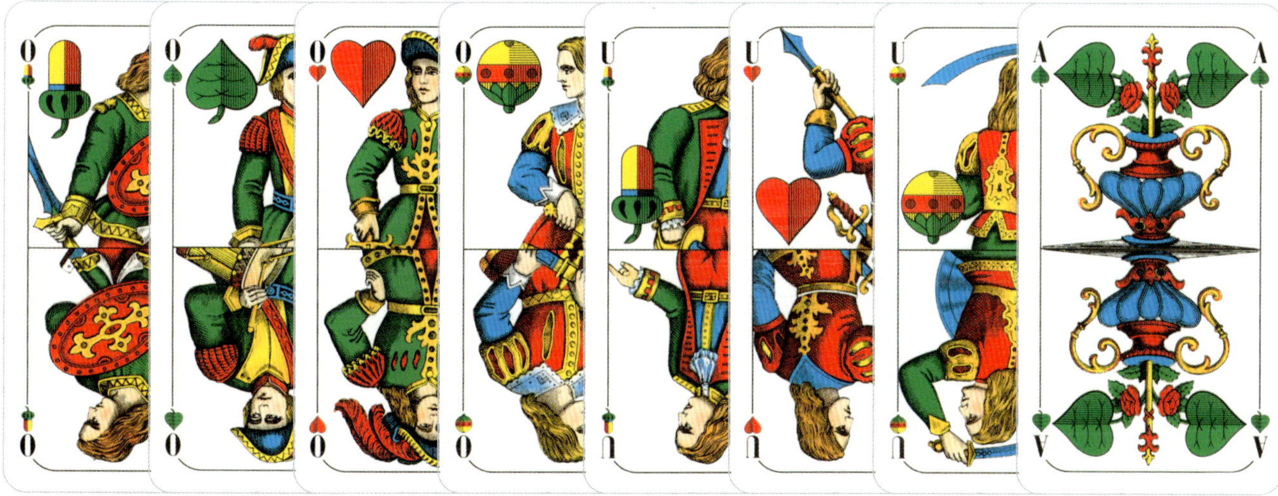

Kommentar: Dadurch, dass Sie die fünf höchsten Trümpfe (die vier Ober sowie den Eichel-Unter) selbst haben, sind Ihnen fünf der acht Stiche in jeden Fall sicher. Ob auch die Gras-Ass stechen wird, ist hier die Frage. Hat z.B. keiner der drei Gegner mehr als vier Trümpfe, gewinnen Sie dieses Solo-Tout auf jeden Fall. Im ungünstigsten Fall, dass einer der drei Gegner genau die anderen sechs Trümpfe in der Hand hat, u.a. den Gras-Unter, ist es sicher verloren. Die Wahrscheinlichkeit ist jedoch sehr hoch, dass Sie dieses Solo-Tout gewinnen werden. Die völlig unverlierbare Form eines Solo-Tout, also das höchste der Gefühle im Schafkopf, finden Sie im nun folgenden Beispiel.

Beispiel 3 („Sie“): Nach dem Ausgeben haben Sie folgendes Blatt in der Hand.

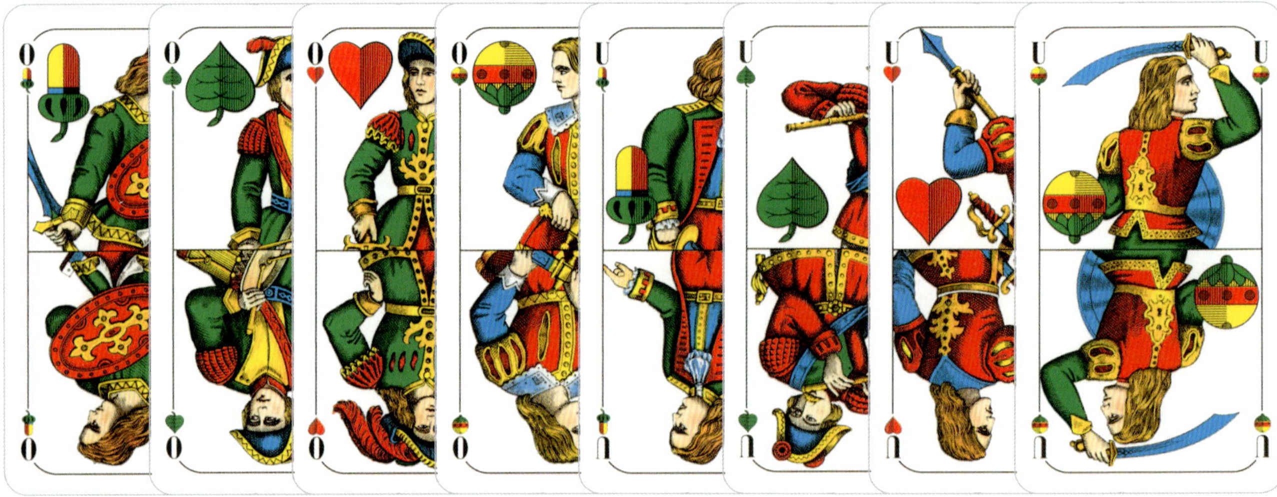

Kommentar: Dadurch, dass Sie die acht höchsten Trümpfe (die vier Ober und die vier Unter) haben, haben die drei Gegner keine Chance, auch nur irgendeinen Stich zu machen. Dieses besondere Solo-Tout wird auch „Sie“ genannt. Da ein Sie sehr selten vorkommt, wird an vielen Schafkopf-Stammtischen auch ein großes Ritual um ihn gemacht. Unter anderem kann selbstverständlich mit diesem Päckchen Karten nicht weiter gespielt werden! Sollten Sie also in einer Gastwirtschaft einmal die oben abgebildeten acht Karten eingerahmt an einer Wand zusammen mit den Namen der vier Spieler hängen sehen, können Sie sicher sein, dass dieser „Sie“ in diesem Raum ausgiebig gefeiert wurde …

8.3 Die Wertigkeit der Spielarten (mit Tout)

Welches Spiel höher ist als das andere
In der Abbildung finden Sie die Pyramide der Wertigkeit erweitert mit Wenz-Tout und Solo-Tout dargestellt. Je höherwertig eine Spielart ist, desto weiter oben ist sie auf der Pyramide genannt. Die einzige Besonderheit ist, dass ein Wenz-Tout höherwertig ist als ein „normales" Solo, was bei Turnieren aber nicht gilt, wenn nur das Solo-Tout erlaubt ist.

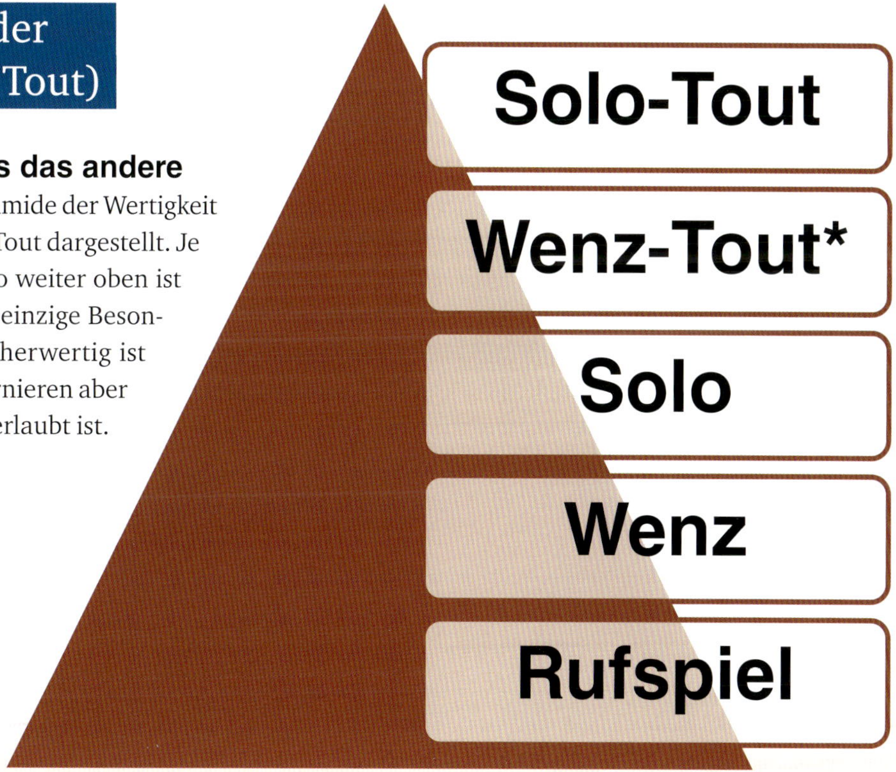

* evtl. nicht bei Turnierspielen

8.4 Mehrere Spielansagen

Das „Reizen“

Bei mehr als drei Hierarchiestufen ist das in Kapitel 7 beschriebene Verfahren bei mehreren Spielansagen nur noch bedingt tauglich. Als alternative Methode zur Ermittlung des Spielmachers wird in vielen Fällen die im Folgenden beschriebene Methode des „Reizens“ verwendet.

Der Grundsatz, dass derjenige Spieler den Zuschlag erhält, der das höherwertige Spiel hat, gilt aber auch hier! Wie wird nun also per „Reizen“ ermittelt, welcher Spieler das Recht erhält, das Spiel zu machen? Hat ein Spieler (B) einen Wenz oder ein Solo und ist vorher schon ein Spiel erklärt (von Spieler A), so muss er statt „Ich spiele“ erklären: „Ich spiele auch“ und sagt damit an, dass er mindestens eine Spielart der nächsthöheren Stufe (Wenz) machen möchte. Hat der Voransitzende (Spieler A) „nur“ ein Rufspiel, sagt er „Weiter“. Will er aber selber alleine spielen (d.h. Wenz oder höherwertiges Spiel), so sagt er „selber“ oder „ich halte“. Das Recht zu spielen liegt nun wieder bei Spieler A, denn bei gleichrangigen Spielen entscheidet die Sitzreihenfolge, wer Spielmacher wird. Der nachfolgende Spieler (Spieler B) kann nun erneut mit einem höherwertigen Einzelspiel (Solo) zum Zug kommen, indem er „nochmal“ reizt. Dieses stufenweise Steigern bzw. Reizen geht so lange weiter, bis einer der beiden Spieler mit „Weiter“ aussteigt und somit dem anderen Spieler das Spielrecht überlässt. Der nun ermittelte Spielmacher kann nun ein Spiel mit der Wertigkeit ansagen, bei der das Reizen beendet wurde. Selbstverständlich ist es ihm auch erlaubt, ein höherwertiges Spiel zu spielen als das an der Stelle, an der sein Gegner gerade ausgestiegen ist.

Im Extremfall, wenn Spieler A einen Wenz-Tout hat und Spieler B ein Solo-Tout, geht das Reizen bis zur höchsten Stufe der Wertigkeitspyramide. Genau dieser Fall ist in der Grafik auf der nächsten Seite dargestellt.

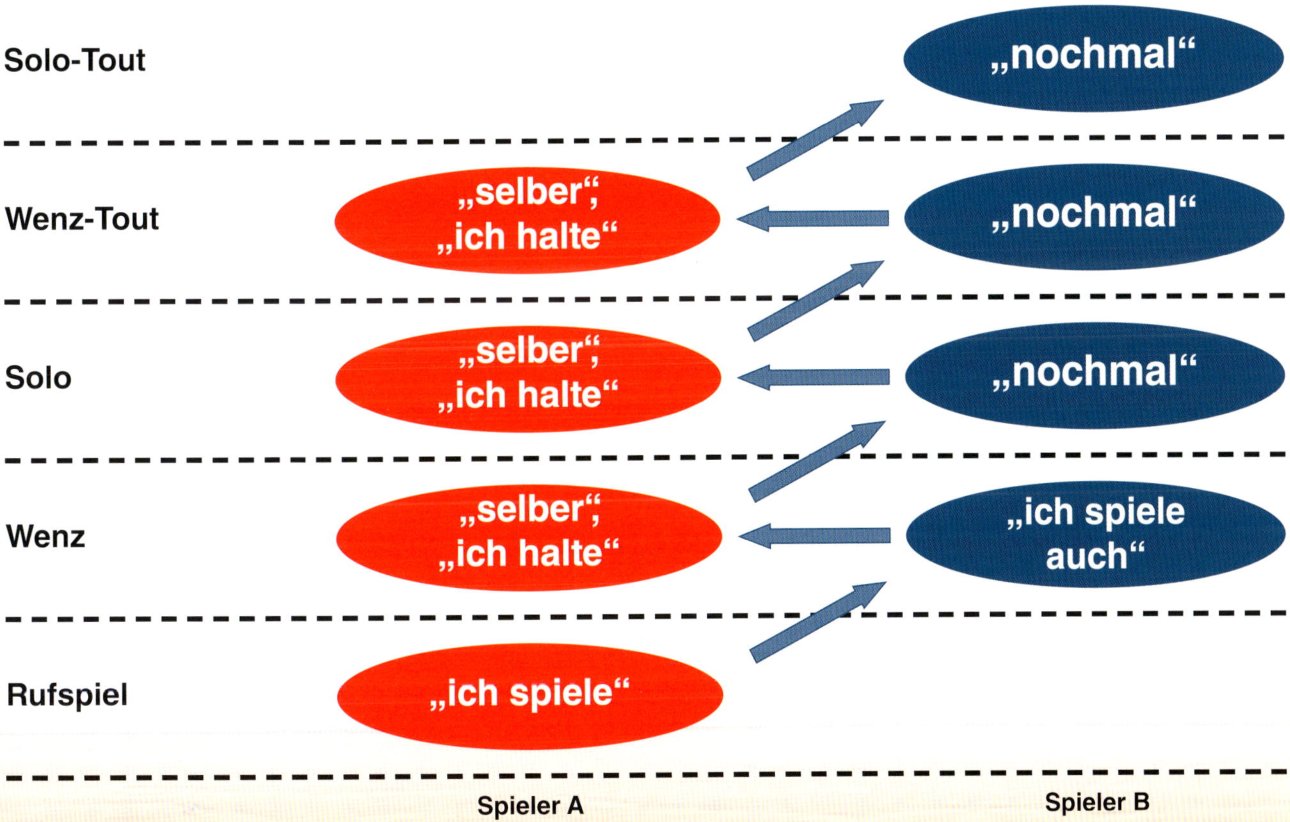
Solo-Tout
„nochmal“
Wenz-Tout
„selber“, „ich halte“
„nochmal“
Solo
„selber“, „ich halte“
„nochmal“
Wenz
„selber“, „ich halte“
„ich spiele auch“
Rufspiel
„ich spiele“
Spieler A
Spieler B

9. Weitere Spielarten

Welche Spielvarianten es noch gibt

Neben dem Rufspiel, dem Wenz und dem Solo gibt es regional, oft sogar von Tisch zu Tisch, unterschiedliche Spielarten, die zusätzlich gespielt werden. Dies können sowohl Partner- als auch Einzelspiele sein. Da eine vollständige Auflistung wohl unmöglich ist und auf jeden Fall den Rahmen dieses Buches sprengen würde, finden Sie im Folgenden eine Auswahl einiger wichtiger Spielvarianten zusammen mit einer entsprechenden Kurzbeschreibung.

WICHTIG: Bitte sprechen Sie vor dem Spiel mit Ihren Mitspielern ab, welche Spielarten gespielt werden dürfen und welche Wertigkeit diese haben!

9.1 Dame (Geier)

Bei der Spielart, die regional unterschiedlich Dame oder Geier genannt wird, handelt es sich um ein Einzelspiel, bei dem ausschließlich die 4 Ober die Trümpfe sind. Die Ansage lautet entsprechend „Geier“ oder „Dame“. Ansonsten sind aber Spielweise, Strategien und die Voraussetzungen für diese Spielart analog zu denen eines Wenz. Wenn Sie zwei oder mehr Ober in Ihrer Karte haben und auf eine Dame (einen Geier) hin überlegen, lassen Sie die Gedanken an ein Solo aber nicht aus den Augen.

9.2 König (Bart)

Ebenfalls regional unterschiedliche Namen trägt die Spielart König oder Bart, die ebenfalls ein Einzelspiel ist und bei der die 4 Könige die alleinigen Trümpfe sind. Bei dieser Spielart haben somit weder die Ober noch die Unter eine besondere Bedeutung. Die Ansage lautet entsprechend „König“ oder „Bart“. Ansonsten sind aber Spielweise, Strategien und die Voraussetzungen solch eines Spiels analog zu denen eines Wenz bzw. einer Dame/eines Geiers.

9.3 Hochzeit

Hat ein Spieler in Phase 2, der Spielansage, hinsichtlich eines Rufspiels nur einen einzigen Trumpf (also einen Ober, einen Unter oder eine Herzkarte), legt er diesen verdeckt auf den Tisch und bietet damit den anderen Spielern eine sogenannte Hochzeit an. Ausgehend vom Ausspieler werden diese nun abgefragt, ob sie auf dieses Angebot eingehen wollen. „Derjenige, der die Karte nun zuerst nimmt, ... schiebt dem Hochzeiter verdeckt eine Ersatzkarte (zwingend ein Nicht-Trumpf) zu und ist nun dessen Partner.“[1] Der anbietende Spieler wird zum Spielmacher (in diesem Fall auch „Hochzeiter“ genannt). Das heißt, er braucht zusammen mit seinem Partner 61 Augen, um das Spiel zu gewinnen. Der Ablauf des Spiels entspricht dem eines Rufspiels: Es gelten dieselben 14 Trümpfe sowie dasselbe Trumpf- und Farbe-Zugeben. Nur die Besonderheiten der Ruf-Ass fallen bei der Hochzeit weg.

„Die Regeln für die Hochzeit sind regional etwas unterschiedlich; so kann die Karte des Hochzeiters auch offen auf den Tisch gelegt werden, oder sie ist erst erlaubt,“[1] wenn sich kein Spieler bereit erklärt hat, ein anderes Spiel zu machen. Erkundigen Sie sich bei Ihren Mitspielern nach der genauen Variante, die bei Ihnen gespielt wird.

9.4 Ramsch

Hat sich während der Spielansage keiner der Spieler bereit erklärt, ein Spiel zu machen, kann vielerorts die Spielart „Ramsch" verhindern, dass die Karten zusammengeworfen und neu ausgegeben werden. Entweder alle Spieler, oft auch nur der letzte Ansager (der Geber; falls die 3 Spieler vor ihm „Weiter" erklärt haben) haben dann die Möglichkeit, einen Ramsch anzusagen. „Im Unterschied zu den anderen Spielarten spielen hier alle gegeneinander, d. h. jeder für sich alleine. Es gelten dieselben Trümpfe wie beim Rufspiel, aber es geht darum, möglichst wenig Augen zu machen. Der Spieler mit den meisten Augen verliert und zahlt an alle anderen Spieler. Haben zwei oder mehr Spieler dieselbe Augenzahl, so verliert der Spieler mit den meisten Stichen. Ist die Stichzahl ebenfalls gleich, verliert derjenige mit den meisten Trümpfen in den Stichen; ist auch diese Zahl gleich, so verliert der Spieler mit dem höheren Trumpf."[1]

9.5 Über Kreuz („Goaß")

Alternativ zum Ramsch kann auch die Spielart „über Kreuz" verhindern, dass die Karten zusammengeworfen und neu ausgegeben werden. Sobald alle 4 Spieler „Weiter" angesagt haben, gehören die über Kreuz sitzenden Spieler, also die Spieler an den Positionen 1 und 3 sowie die Spieler an Positionen 2 und 4 automatisch zusammen und bilden die beiden Parteien. Der Ausspieler wird zum Spielmacher. Das heißt, er braucht zusammen mit seinem Partner, der ihm „über Kreuz" sitzt, 61 Augen, um das Spiel zu gewinnen. Außerdem braucht er 31 Augen, um nicht Schneider zu sein. Der Ablauf des Spiels entspricht dem eines Rufspiels: Es gelten dieselben 14 Trümpfe sowie dasselbe Trumpf- und Farbe-Zugeben. Die Besonderheiten der Ruf-Ass gibt es hier ebenfalls nicht.

10. Das Spiel mit der kurzen Karte

10.1 Rufspiel

Wenn die Ruf-Ass gefährlich wird

10.1.1 Die Trümpfe

Welche Karten welche anderen stechen

Außer, dass die Sieben und die Acht der Farbe Herz weggelassen werden, ändert sich nichts. Beim Rufspiel mit der kurzen Karte sind zwölf der insgesamt 24 Karten Trümpfe. Alle anderen Karten sind Farbkarten.

Innerhalb der zwölf Trümpfe ist die Wertigkeit, also welcher Trumpf höher ist als der andere, genau festgelegt:

1. Eichel-Ober O
2. Gras-Ober O
3. Herz-Ober O
4. Schellen-Ober O
5. Eichel-Unter U
6. Gras-Unter U
7. Herz-Unter U
8. Schellen-Unter U
9. Herz-Ass A
10. Herz-Zehn 10
11. Herz-König K
12. Herz-Neun 9

Trümpfe 1 bis 4

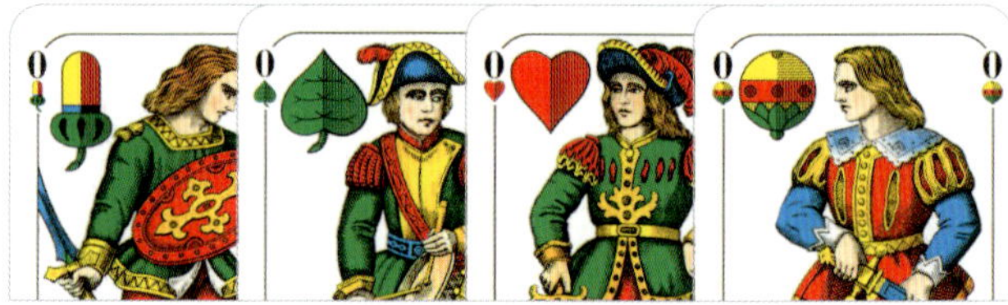

Trümpfe 5 bis 8

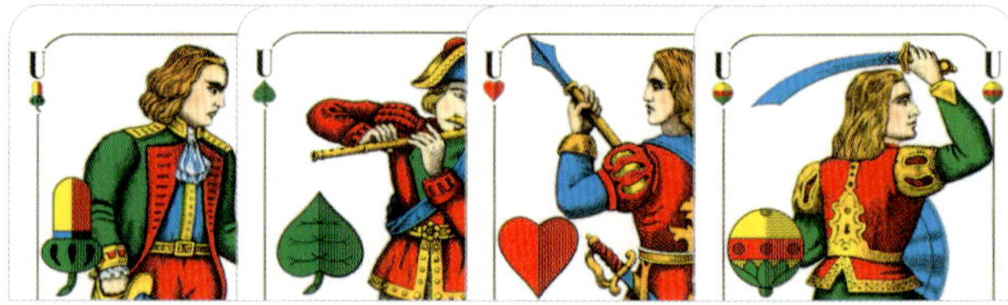

Trümpfe 9 bis 14

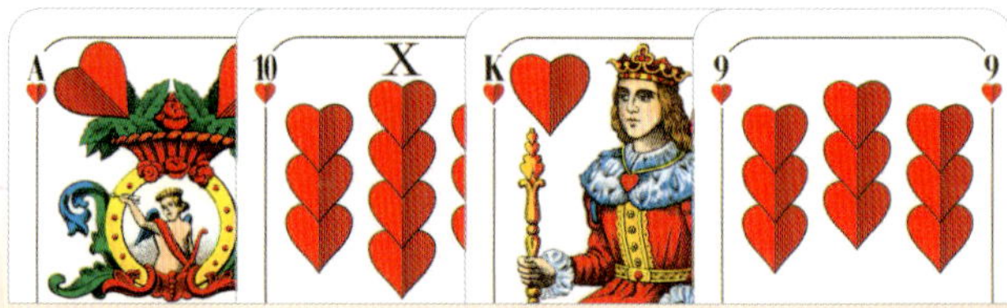

10.1.2 Voraussetzungen

Welche Karten Sie haben sollten

Für die Frage, welche Karten Sie in etwa haben sollten, um ein Rufspiel ansagen und dann auch erfolgreich gestalten zu können, gibt es erneut keine Regeln. Es handelt sich stattdessen um Erfahrungswerte. Selbstverständlich sind in erster Linie möglichst viele und möglichst hohe Trümpfe erforderlich. Bitte beachten Sie aber: Unter bestimmten Umständen können Sie auch mit den vermeintlich besten Trümpfen ein Rufspiel verlieren. Die folgenden Erläuterungen dienen daher ausschließlich als Richtschnur dafür, mit welchen Karten Sie auf jeden Fall ein Rufspiel versuchen sollten.

- 5 Trümpfe: Wenn Sie fünf Trümpfe in ihren Karten habe und dazu die notwendige Farbkarte, sollten Sie in jedem Fall ein Rufspiel ansagen. Dabei spielt es fast keine Rolle, welche Trümpfe es sind. Die Tatsache, dass Sie selbst fünf der 12 Trümpfe haben, verschafft Ihnen im Lauf des Spiels auf jeden Fall ein Übergewicht.

- 4 Trümpfe, darunter mindestens 2 Ober: Auch bei dieser Konstellation können Sie ein Rufspiel versuchen. Dies verspricht ein spannendes Spiel zu werden. Vielleicht hilft Ihnen ja Ihr Partner!

- 4 Trümpfe, darunter der Eichel-Ober: Den Eichel-Ober als den allerhöchsten Trumpf selbst zu haben bietet Ihnen den Vorteil, dass Sie die Kontrolle über das Spiel übernehmen bzw. behalten können, wenn Sie es wollen, um Ihre (Trumpf-) Strategie durchzusetzen. Oder ist zu erwarten, dass ein Stich viele Augen enthalten wird, können Sie mit dem Eichel-Ober sicherstellen, dass Ihnen dieser wertvolle Stich nicht durch die Lappen geht. Der Eichel-Ober hat beim Schafkopf in etwa die Funktion des Max beim Watten.

10.1.3 Beispiele

Wann Sie ein Rufspiel machen können und wann nicht

Beispiel 1: Nach dem Ausgeben haben Sie folgendes Blatt in der Hand.

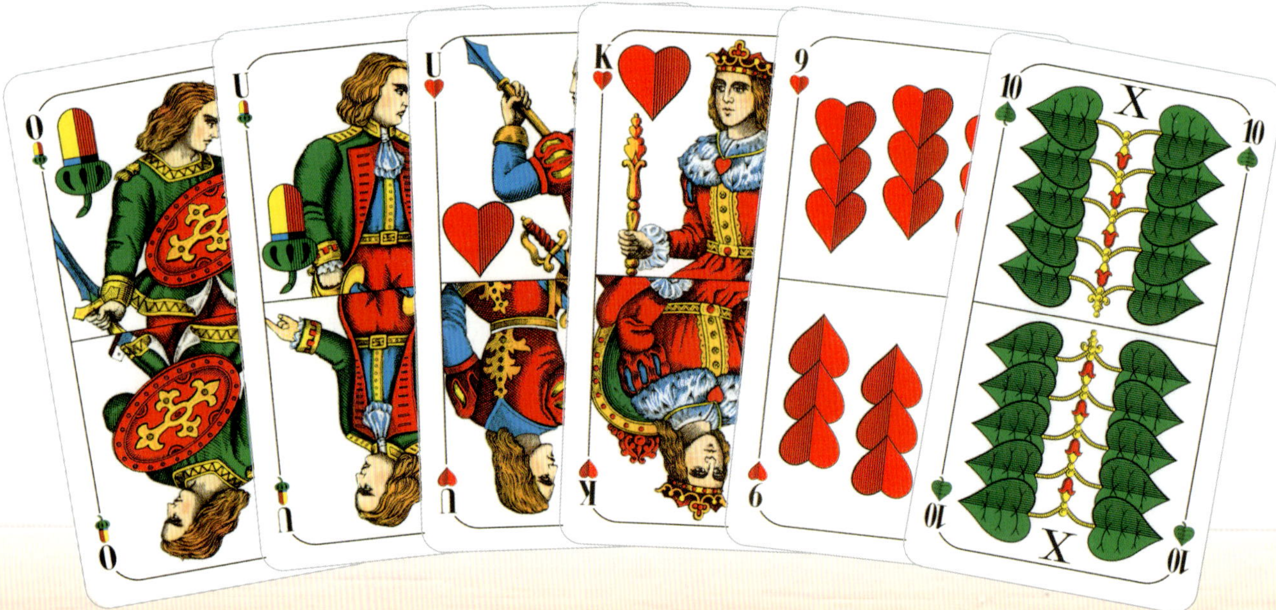

Aufgabe: Bewerten Sie Ihr Blatt, indem Sie folgende Fragen für sich beantworten:

- Wie viele Trümpfe habe ich?
- Spiele ich oder spiele ich nicht?
- Falls ja, wie sage ich mein Spiel an?

Lösung: Der Eichel-Ober, die beiden Unter sowie Herz-König und Herz-Neun sind insgesamt fünf Trümpfe (siehe auch Abschnitt „Die Trümpfe“). Mit fünf Trümpfen sollten Sie auf jeden Fall ein Rufspiel versuchen (siehe auch den vorherigen Abschnitt „Voraussetzungen“). Bei der sechsten Karte, der Gras-Zehn handelt es sich um eine Farbe, deren Ass Sie selbst nicht haben (siehe Abschnitt „Die Ansage“). Ihre Ansage lautet somit: „Ich spiele“ und „Mit der Gras-Ass“ (oder auch „Mit der Blauen“).

Beispiel 2: Nach dem Ausgeben haben Sie folgendes Blatt in der Hand.

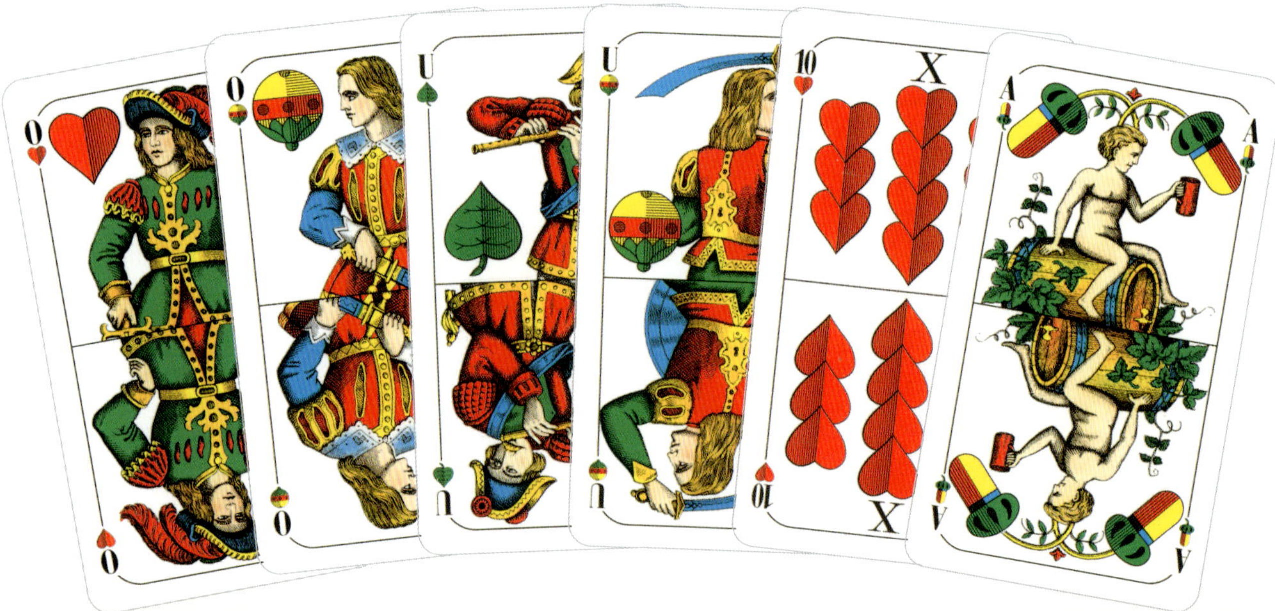

Aufgabe: Bewerten Sie Ihr Blatt, indem Sie folgende Fragen für sich beantworten:

- Wie viele Trümpfe habe ich?
- Spiele ich oder spiele ich nicht?
- Falls ja, wie sage ich mein Spiel an?

Lösung: Die beiden Ober, die beiden Unter sowie die Herz-Zehn sind insgesamt fünf Trümpfe (siehe auch Abschnitt „Die Trümpfe"). Mit fünf Trümpfen sollten Sie grundsätzlich ein Rufspiel versuchen (siehe auch Abschnitt „Voraussetzungen"). Bei der sechsten Karte, der Eichel-Ass, handelt es sich jedoch um eine Ass. Sie haben also keine Farbkarte, deren Ass Sie selbst nicht haben (siehe Abschnitt „Die Ansage") und können somit keine Ass rufen. In dieser Situation wird auch davon gesprochen, dass Sie „gesperrt" sind. Daher bleibt Ihnen nichts anderes übrig als bei der Ansage-Runde „Weiter" zu sagen.

Beispiel 3: Nach dem Ausgeben haben Sie folgendes Blatt in der Hand.

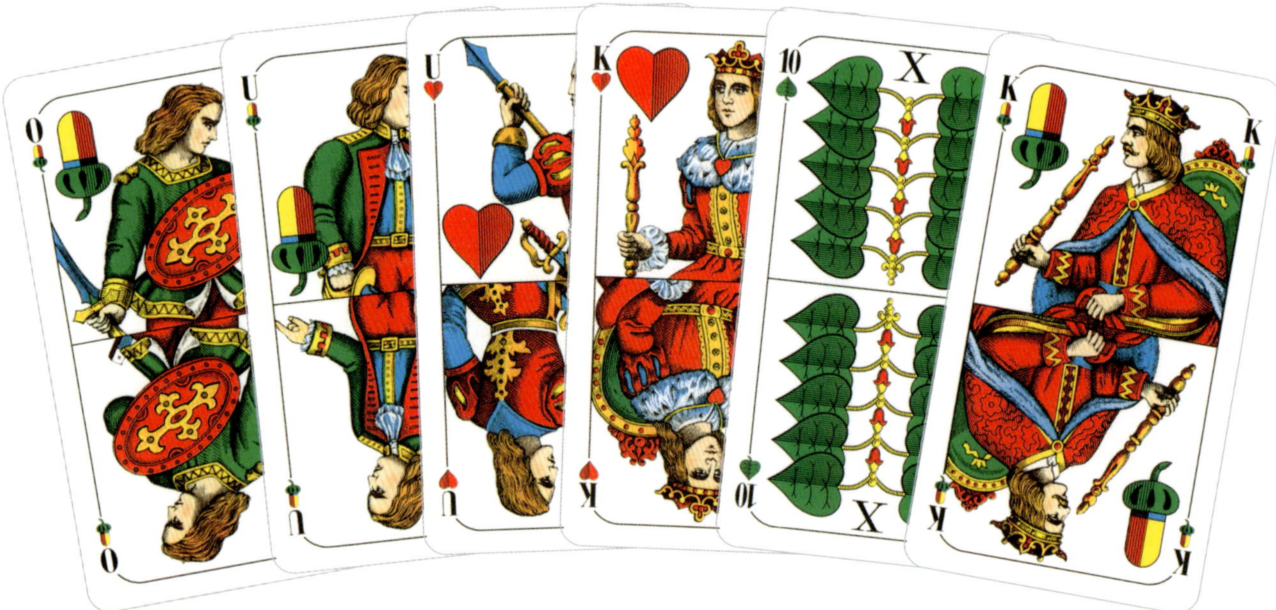

Aufgabe: Bewerten Sie Ihr Blatt, indem Sie folgende Fragen für sich beantworten:

– Wie viele Trümpfe habe ich?
– Spiele ich oder spiele ich nicht?
– Falls ja, wie sage ich mein Spiel an?

Lösung: Der Eichel-Ober, die beiden Unter sowie der Herz-König sind insgesamt vier Trümpfe (siehe auch Abschnitt „Die Trümpfe“). Mit vier Trümpfen gilt es abzuwägen, ob Ihr Blatt gut genug ist, um ein Spiel zu machen. Der Eichel-Ober als höchster Trumpf bietet Ihnen hier gute Chancen, ein Rufspiel erfolgreich zu gestalten (siehe auch Abschnitt „Voraussetzungen“) und Sie sollten es somit versuchen.

Neben den vier Trümpfen haben Sie mit der Gras-Zehn und dem Eichel-König zwei Farbkarten, deren Ass Sie rufen können. Welche der beiden Farben sollen Sie also wählen? Eine Regel gibt es hier ebenfalls nicht. Sie sollten jedoch eine vielleicht entscheidende Sache bedenken: Da der Spieler mit der Ruf-Ass Ihr Partner ist, ist es wahrscheinlicher, dass ein Stich mit der gerufenen Farbe auf Ihr Konto geht. Da eine Zehn mehr Augen (10) einbringt als ein König (4), ist es in diesem Beispiel empfehlenswert, die Gras-Ass zu rufen. Ihre Ansage lautet somit: „Ich spiele“ und „Mit der Gras-Ass“.

10.2 Solo

Die Königsdisziplin auch mit der kurzen Karte

10.2.1 Die Trümpfe

Welche Karten welche anderen stechen

Bei einem Solo sind, wie beim Rufspiel, zwölf der insgesamt 24 Karten Trümpfe. Alle anderen Karten sind Farbkarten. Mit einem Trumpf können Sie eine Farbkarte stechen, wenn Sie diese Farbe nicht haben.

Es sind die vier Ober, die vier Unter sowie die vier anderen Karten, also Ass, Zehn, König und Neun, der Farbe, die mit angesagt werden muss. Eine genaue Beschreibung finden Sie im nächsten Abschnitt.

Innerhalb der zwölf Trümpfe ist die Wertigkeit, also welcher Trumpf höher ist als der andere, genau festgelegt, hier am Beispiel eines Gras-Solos:

1. Eichel-Ober O♣
2. Gras-Ober O♠
3. Herz-Ober O♥
4. Schellen-Ober O♦
5. Eichel-Unter U♣
6. Gras-Unter U♠
7. Herz-Unter U♥
8. Schellen-Unter U♦
9. Gras-Ass A♠
10. Gras-Zehn 10♠
11. Gras-König K♠
12. Gras-Neun 9♠

Der Eichel-Ober ist also auch bei einem Solo, unabhängig von der Farbe des Solos, der höchste Trumpf. Er kann alle anderen Trümpfe sowie alle Farbkarten stechen.

10.2.2 Voraussetzungen

Welche Karten Sie haben sollten

Für die Frage, welche Karten Sie in etwa haben sollten, um ein Solo ansagen und dann auch erfolgreich gestalten zu können, gibt es erneut keine Regeln. Es handelt sich stattdessen um Erfahrungswerte. Selbstverständlich sind in erster Linie möglichst viele und möglichst hohe Trümpfe erforderlich. Bitte beachten Sie aber: Unter bestimmten Umständen können Sie auch mit den vermeintlich besten Trümpfen ein Solo verlieren. Die folgenden Erläuterungen dienen daher ausschließlich als Richtschnur dafür, mit welchen Karten Sie auf jeden Fall ein Solo versuchen sollten.

- 6 Trümpfe: Wenn Sie sechs Trümpfe in ihren Karten haben, sollten Sie in jedem Fall ein Solo ansagen. Dabei spielt es fast keine Rolle, welche Trümpfe es sind. Die Tatsache, dass Sie selbst sechs der 12 Trümpfe haben, verschafft Ihnen im Lauf des Spiels auf jeden Fall ein Übergewicht.

- 5 Trümpfe, darunter 3 Ober: Auch bei dieser Konstellation sollten Sie ein Solo versuchen. Vermutlich geht der Stich mit Ihrer Farbkarte an die Gegner. Dies sollten Sie aber durch die 3 Ober mindestens ausgleichen können.

- 5 Trümpfe, darunter 2 Ober und 2 Unter: Wie beim vorherigen Beispiel sollten Sie den Verlust durch die Farbkarte durch den Besitz starker Trümpfe egalisieren können. Dies verspricht auf jeden Fall ein spannendes Spiel zu werden!

10.2.3 Beispiel

Wann Sie ein Solo machen können

Nach dem Ausgeben haben Sie folgendes Blatt in der Hand.

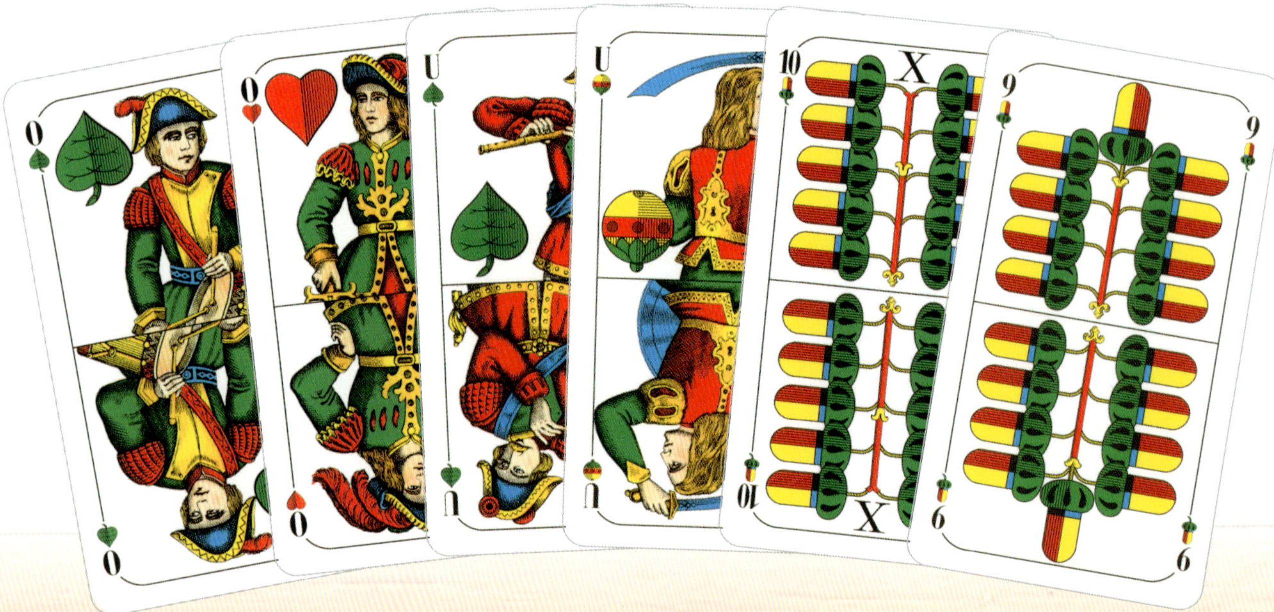

Aufgabe: Bewerten Sie Ihr Blatt auf ein Solo hin, indem Sie folgende Fragen für sich beantworten:

- Wie viele Trümpfe habe ich bei einer bestimmten Farbe?
- Spiele ich oder spiele ich nicht?
- Falls ja, wie sage ich mein Spiel an?

Lösung: Die beiden Ober, die beiden Unter sowie die Eichel-Zehn und die Eichel-Neun sind dann insgesamt sechs Trümpfe (siehe auch Abschnitt „Die Trümpfe"), wenn Sie das Solo „Eichel-Solo" nennen. Mit sechs Trümpfen sollten Sie auf jeden Fall ein Solo spielen (siehe auch Abschnitt „Voraussetzungen"). Ihre Ansage lautet somit: „Ich spiele" und „Eichel-Solo".

81

10.3 Wenz

Das einfach nur gekürzte Untersolo

10.3.1 Die Trümpfe

Welche Karten welche anderen stechen

Der Wenz ist sicherlich die Spielart, bei der sich die lange und die kurze Karte am wenigsten unterscheiden. Unverändert ist die Anzahl und die Rangfolge der Trümpfe:

1. Eichel-Unter U♣
2. Gras-Unter U♠
3. Herz-Unter U♥
4. Schellen-Unter U♦

10.3.2 Voraussetzungen

Welche Karten Sie haben sollten

Für die Frage, welche Karten Sie in etwa haben sollten, um einen Wenz ansagen und dann auch erfolgreich gestalten zu können, gibt es erneut keine Regeln. Es handelt sich stattdessen um Erfahrungswerte. Selbstverständlich sind in erster Linie möglichst viele und möglichst hohe Trümpfe erforderlich. Bitte beachten Sie aber: Unter bestimmten Umständen können Sie auch mit den vermeintlich besten Trümpfen einen Wenz verlieren. Die folgenden Erläuterungen dienen daher ausschließlich als Richtschnur dafür, mit welchen Karten Sie auf jeden Fall einen Wenz versuchen sollten.

Als weitere Hilfestellung dient die Annahme, dass wohl vier Stiche notwendig sind, um einen Wenz zu gewinnen.

– 4 Unter: Wenn Sie alle vier Unter in ihren Karten haben, sollten Sie in jedem Fall einen Wenz ansagen. Dabei spielt es fast keine Rolle, welche anderen Karten Sie noch haben. Die Tatsache, dass die vier Trümpfe auf jeden Fall stechen werden, gibt Ihnen bereits sehr gute Gewinnchancen. Haben Sie zusätzlich noch eine Ass, ist dies umso besser.

– 3 Unter (inklusive Eichel-Unter) und 1 Ass: Auch in dieser Konstellation ist Ihnen der Spielgewinn relativ sicher. Den fehlenden Unter können Sie Ihren Gegnern durch Ausspielen des Eichel-Unters entziehen. Anschließend wird auch Ihre Ass sicher zum Stich kommen. Gefährlich kann es für Sie nur dann werden, wenn die Gegner Ihre Ass mit ihrem Unter stechen, bevor Sie diesen ziehen konnten. Haben Sie zusätzlich noch eine andere Karte derselben Farbe wie Ihre Ass, ist dies umso besser.

– 3 Unter (ohne Eichel-Unter) und 2 Asse: Unabhängig davon, ob Ihre Gegner mit dem Eichel-Unter einen Ihrer Unter oder eine Ihrer Asse stechen, vier Stiche sind Ihnen auf jeden Fall sicher, mit denen Sie die notwendigen 61 Augen erreichen sollten. Hat Ihre sechste Karte auch noch dieselbe Farbe wie eine Ihrer Asse, ist dies umso besser.

– 2 Unter (inklusive Eich-Unter) und 2 Asse: Dadurch, dass Sie durch Ausspielen des Eichel-Unters den Gegnern die beiden anderen Unter entziehen können, können Sie auch bei dieser Konstellation einen Wenz versuchen. Andererseits kann es für Sie auch gefährlich werden, wenn die Gegner eines Ihrer beiden Asse mit einem Unter stechen. Dies verspricht auf jeden Fall ein spannendes Spiel zu werden!

– 2 Unter (inklusive Eichel-Unter) und Ass und Zehn derselben Farbe: Wie beim vorherigen Beispiel können Sie mit dem des Eichel-Unters den Gegnern die beiden anderen Unter entziehen und kommen dann mit der Ass und der Zehn Ihrer Farbe zum Stich. Auch diese Konstellation ist auf jeden Fall einen Wenz wert, eine Gewinngarantie gibt es allerdings hierfür nicht!

10.3.3 Beispiel

Wann Sie einen Wenz spielen können

Nach dem Ausgeben haben Sie folgendes Blatt in der Hand.

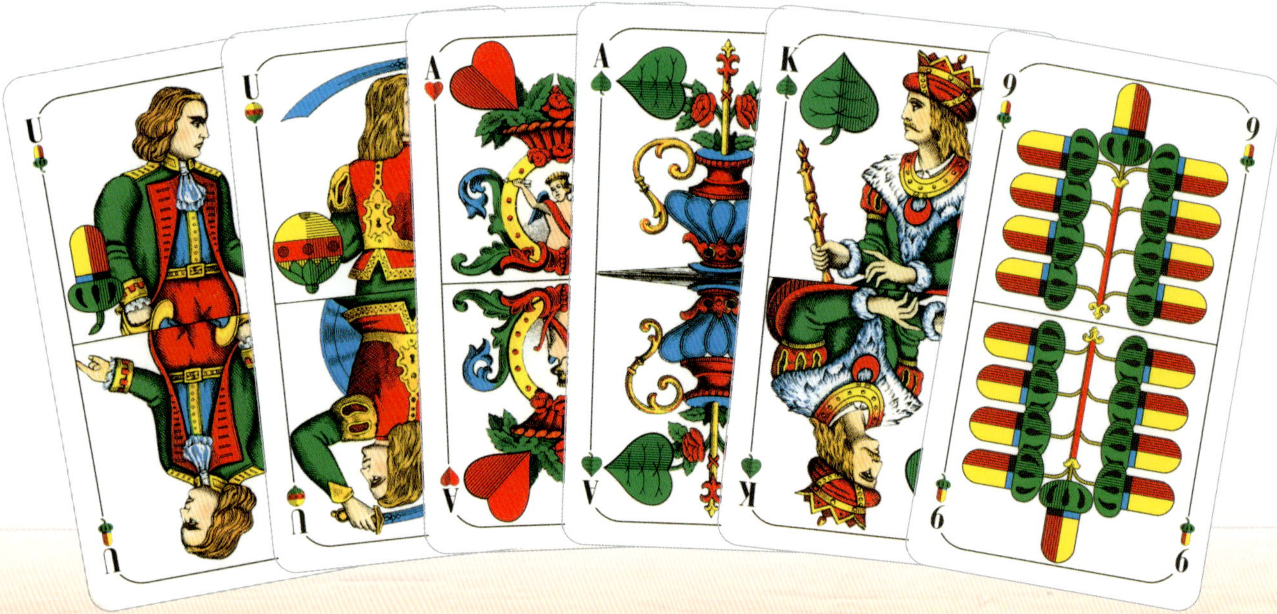

Aufgabe: Bewerten Sie Ihr Blatt auf einen Wenz hin, indem Sie folgende Fragen für sich beantworten:

- Wie viele Trümpfe und wie viele Asse habe ich?
- Spiele ich oder spiele ich nicht?
- Falls ja, wie sage ich mein Spiel an?

Lösung: Die beiden Unter sind zwar insgesamt nur zwei Trümpfe. Dadurch, dass aber der Eichel-Unter dabei ist, können Sie mit beiden Untern zum Stich kommen. Die beiden Asse können dann für Ihre Stiche Nummer drei und vier sorgen, die notwendig sind, um den Wenz zu gewinnen. Im allergünstigsten Fall wird beim Ausspielen des Gras-Ass die Gras-Zehn zugeworfen, so dass auch noch Ihr Gras-König für einen fünften Stich zu Ihren Gunsten sorgen könnte. Mit diesen Karten sollten Sie auf jeden Fall einen Wenz spielen (siehe auch Abschnitt „Voraussetzungen“). Ihre Ansage lautet somit: „Ich spiele“ und „Wenz“.

Quellen

Woher ich meine Informationen habe

Übernommene Textstellen sind im Verlauf des Buches mit fortlaufenden Hochzahlen gekennzeichnet und stammen aus folgenden Quellen:

1 Wikipedia: Schafkopf. URL: http://de.wikipedia.org/wiki/Schafkopf Stand: 12.02.2013

2 Bayerischer Schafkopf-Verein e.V., München: Offizielle Schafkopfordnung.
URL: ftp://ftp.berlios.de/pub/schafkopf/Schafkopf_Regeln.pdf Stand: 12.02.2013

3 Riedl, Franz: Schafkopf Spiel – Schafkopf Regeln.
URL: www.schafkopf-spiel.de/regeln Stand: 12.02.2013

4 VHS Regensburger Land, e.V.: Programmheft Frühjahr/Sommer 2013, Seite 14

5 Beutlhauser, Anita: Jetzt geht das Lernen erst richtig los.
In: Allgemeine Laber-Zeitung (15.10.2012)

Nachwort

Was ich zum Schluss noch loswerden möchte

Bedanken möchte ich mich sehr herzlich bei meinen Lektoren für ihre Anregungen und Verbesserungsvorschläge. Insbesondere bedanke ich mich bei meinem Autoren-Kollegen beim Battenberg Gietl Verlag, Toni Lauerer, für seine Recherchen des Schafkopf-Äquators zwischen der tschechischen Grenze und Regensburg.

Mein Dank geht auch an alle Teilnehmer meines Seminars „Schafkopfen für Anfänger“, die mir durch ihr reges Interesse und ihre Fragen immer wieder helfen, mein Material noch deutlich zu verbessern und neue Aspekte mit einzubringen.

Ich hoffe, ich konnte Ihnen mit diesem Buch einen guten Einstieg in das Schafkopf-Spiel verschaffen, denn, wie Sie gesehen haben, „das bayerische ‚Kultspiel‘ ist nicht ganz einfach zu lernen, macht aber großen Spaß, wenn man erst mal die Grundzüge verstanden hat.“[4]

Aber es ist einzig und allein die Übung, die auch beim Schafkopfen den Meister macht. Und genau damit sollten Sie, sei es nun in gemütlicher Runde in einem Wirtshaus oder zu Hause, beginnen. Das Motto lautet also, wie es Anita Beutlhauser in der Allgemeinen Laber-Zeitung formuliert hat, „Üben, üben, üben“[5], denn „jetzt geht das Lernen erst richtig los!“[5]

Weitere Bücher von Erich Rohrmayer

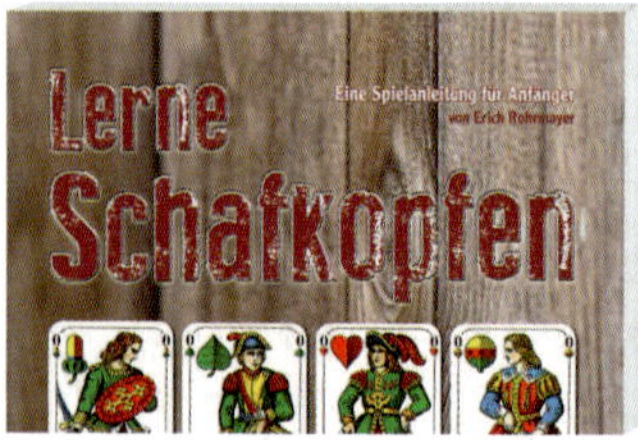

Lerne Schafkopfen – Eine Spielanleitung für Anfänger

80 Seiten – durchgehend farbig –
Wire-o-Bindung mit Umschlag
ISBN: 978-3-95587-009-6
Preis: 9,95 Euro
www.battenberg-gietl.de

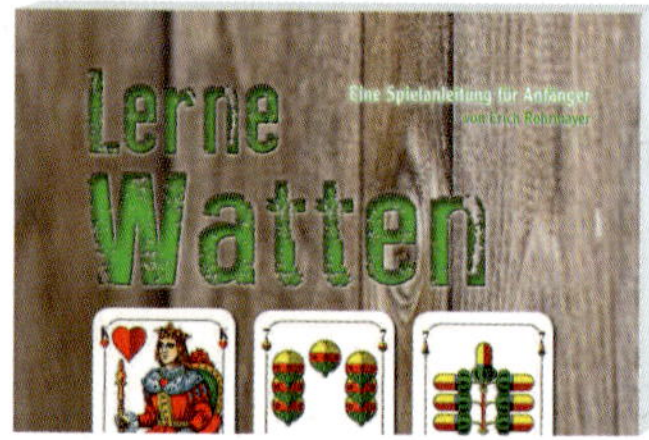

Lerne Watten – Eine Spielanleitung für Anfänger

80 Seiten – durchgehend farbig –
Wire-o-Bindung mit Umschlag
ISBN: 978-3-95587-017-1
Preis: 9,95 Euro
www.battenberg-gietl.de

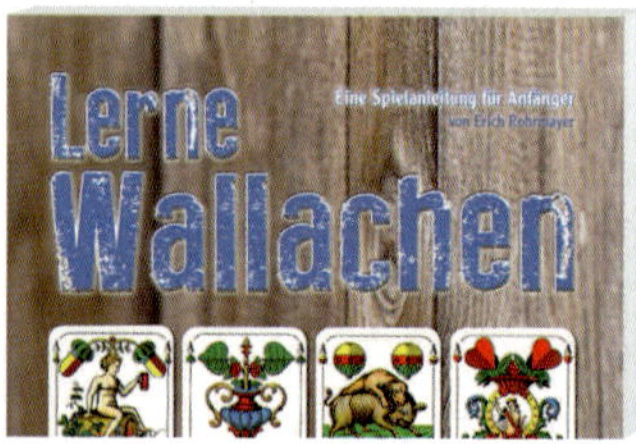

Lerne Wallachen – Eine Spielanleitung für Anfänger

80 Seiten – durchgehend farbig –
Wire-o-Bindung mit Umschlag
ISBN: 978-3-95587-023-2
Preis: 9,95 Euro
www.battenberg-gietl.de

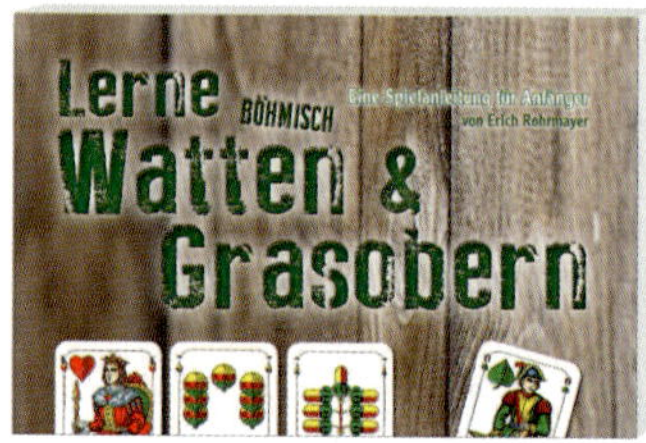

Lerne Böhmisch Watten & Grasobern – Eine Spielanleitung für Anfänger

80 Seiten – durchgehend farbig –
Wire-o-Bindung mit Umschlag
ISBN: 978-3-95587-056-0
Preis: 9,95 Euro
www.battenberg-gietl.de

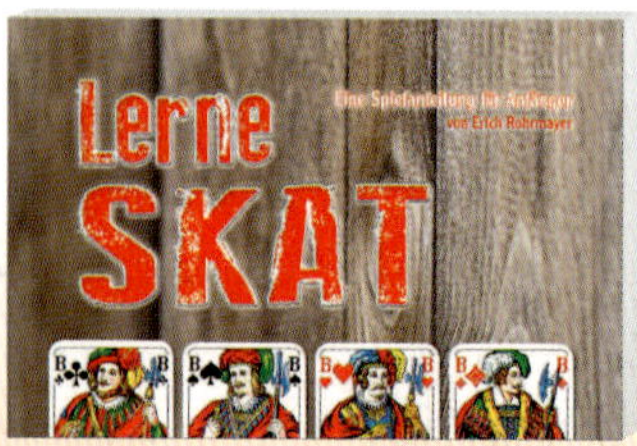

Lerne Skat – Eine Spielanleitung für Anfänger

80 Seiten – durchgehend farbig –
Wire-o-Bindung mit Umschlag
ISBN: 978-3-95587-035-5
Preis: 9,95 Euro
www.battenberg-gietl.de